Christiane Högermann

Mysterys für den Französischunterricht

9 rätselhafte Fälle zu « La migration en France » (ab Klasse 9)

Klett | Kallmeyer

Bibliografische Information der Deutschen Nationalbibliothek
Die Deutsche Nationalbibliothek verzeichnet diese Publikation in der Deutschen Nationalbibliografie; detaillierte bibliografische Daten sind im Internet über https://dnb.de abrufbar.

Impressum

Christiane Högermann
Mysterys für den Französischunterricht
9 rätselhafte Fälle zu « La migration en France » (ab Klasse 9)

1. Auflage 2022

Redaktion: Dirk Haupt, Leipzig
Coverfoto: © JormS/stock.adobe.com, © Kevin Carden/stock.adobe.com
Illustrationen der Jugendlichen: Anke Meier-Frommhold, Westerkappeln
Realisation: SchwabScantechnik GmbH & Co. KG
Druck: Zimmermann Druck+Verlag, Widukindplatz 2, 58802 Balve

ISBN: 978-3-7727-1580-8

Christiane Högermann

Mysterys für den Französischunterricht

9 rätselhafte Fälle zu « La migration en France » (ab Klasse 9)

Klett | Kallmeyer

Inhaltsverzeichnis

Vorwort

Das Thema „Migration" ist gekennzeichnet durch einen komplexen Problemkreis, der die meisten geflüchteten Menschen betrifft: Dabei stehen deren Lebensumstände, die Ursachen ihrer Flucht, ihre persönlichen Ängste und Erwartungen sowie auch ganz individuelle Parameter in Wechselwirkung zueinander. Daher ist es auch nicht möglich, das Thema mit der alleinigen Vermittlung von Sachwissen und Lernarbeit „abzuarbeiten", denn es ist nicht als Gesamtpaket greifbar, sondern verlangt die Beschäftigung mit den infrage kommenden Bedingungsfaktoren.

Im Vergleich zu Unterrichtsfächern wie z. B. Biologie oder Geografie, in denen mehr objektiv belegbares Sachwissen als Basis der Mysterys zur Verfügung steht, basieren diese Französisch-Mysterys auf fiktiven Geschichten, die erfahrungsgemäß der Lebenswelt der Adressatengruppen entsprechen und sie im „Alltag" abholen. Das belegbare Faktenwissen, auf das bei der Erstellung der Mysterys zurückgegriffen werden konnte, ist recht vielschichtig und nicht immer objektivierbar, zudem einem steten inhaltlichen Aktualitäts- und Meinungswandel unterworfen. Die inhaltliche Gestaltung der Mysterys fördert nicht nur die Sprach- und Bewertungskompetenz der Lernenden, sondern zeigt ihnen auch Handlungsoptionen auf. Durch die Auseinandersetzung mit den Mysterys erhalten sie Erfolgserlebnisse im sprachlichen und sozialen Bereich, was insbesondere für die eher zurückhaltenden Lernenden förderlich ist.

Zur Handlungsorientierung, insbesondere zur Identifikation mit den Szenarien, trägt auch die Wahl der vier Leitfiguren bei, denn drei von ihnen haben einen Migrationshintergrund. Die Mysterys folgen damit dem Leitziel, das vernetzte Denken sowie die Selbstreflexion zu fördern. Die Lernenden werden darüber hinaus eigene Erfahrungswerte sowie ggf. Sachwissen aus anderen Unterrichtsfächern einbringen können.
Um sowohl für die Lehrkraft als auch für die Lernenden die Arbeit mit dem vorliegenden Material transparent und effektiv zu gestalten, sind dort, wo notwendig, kleinschrittige Gliederungspunkte als „Leitfaden" integriert. Für die Schülerinnen und Schüler wird dazu bei den vorbereitenden Themen eine „Hinführung" zur Sinnhaftigkeit und Bearbeitungsweise des betreffenden Materials angeboten. Damit ist die eigenständige Bearbeitung ähnlich einem „Selbstlernprogramm" möglich. So wird auch den Lernenden ein entsprechender Freiraum zur individuellen Auseinandersetzung mit der oftmals vielschichtigen Thematik gegeben sowie der argumentative Austausch mit Mitschülerinnen und Mitschülern angeregt. Beide Faktoren arbeiten somit der Kommunikations- und Bewertungskompetenz zu.

Während die Mysterys 5–9 jeweils separate Kapitel sind, werden die ersten vier Mysterys in einem Kapitel zusammengefasst. Damit schließen sich die persönlichen Mysterys der vier Leitfiguren nahtlos an das bereits in deren Kurzbiografien geheimnisvoll angedeutete « Voilà mon mystère ... » an. Zudem ist es für die Schülerinnen und Schüler motivierend, detektivisch die Geheimnisse zu ermitteln und sich dabei auf die Arbeit mit Mysterykarten übend einzustimmen. Nur in Mystery 1–4 ist dieser Spürsinn gefragt, später ist dann die Textarbeit mit den Langtexten vordergründig.
Hier liegt eine Progression im Anspruchsgrad vor, denn die persönlichen Erlebnisse sind leichter zu bearbeiten als die Langtexte.

Mein Dank gilt Herrn Bruno Allamel aus Lengerich/Westf., der die französischsprachigen Texte mitgestaltet und korrigiert hat.

1 Didaktisch-methodische Aspekte zur Mysterymethode

1.1 Zielsetzung und Einsatzbereiche

Neben bekannten gruppendynamischen Unterrichtsmethoden wie dem Gruppenpuzzle[1] oder der Placemate-Methode[2] erhalten Mysterys einen zunehmenden Stellenwert, denn sie sind in besonderem Maße geeignet, die Handlungskompetenz Heranwachsender im Sinne von verantwortungsvollem Handeln zu fördern. Inhaltlich geht es dabei in der Regel um zeitgenössische dynamische Problemkreise und Prozesse, mit denen die Lernenden im Alltag häufig konfrontiert werden, sowohl im Privatleben, im sozial-gesellschaftlichen Wechselgefüge als auch im Schul- und Ausbildungsbereich.

Für die meisten Unterrichtsfächer liegen Mysterymaterialien aus verschiedenen Verlagen vor, die nun um ein zeitgemäßes Produkt für den Französischunterricht ergänzt werden.
Im Vergleich zu beispielsweise Biologie-Mysterys, die der komplexen Vorgabe des Methodenoriginals folgen, erfolgt die Umsetzung für den Französisch-(Anfänger-)Unterricht in didaktisch reduzierter Form, was der sprachlichen und inhaltlichen Begrenztheit geschuldet ist. Grundsätzlich steht bei Mysterys der inhaltliche Aspekt im Vordergrund, eben das vernetzte, ganzheitliche Denken „über den Tellerrand hinaus“, was aber nicht bedeutet, dass nicht auch der Vergrößerung des Wortschatzes sowie grammatikalischen Strukturen Rechnung getragen wird.[3]

Die Originalmethode wurde Ende der 1990er-Jahre im Vereinigten Königreich für das Fach Geografie entwickelt und ist gut geeignet, um die Bewertungskompetenz auch im Hinblick auf gesellschaftswissenschaftliche, umweltbiologische oder politische Entscheidungen zu schulen. Grundsätzlich geht jedes Mystery von einer rätselhaft erscheinenden, oftmals widersprüchlichen Aussage oder Behauptung aus, die von der Formulierung her schon einmal ein motivierendes „ein Um-die-Ecke-Denken“ verlangt, so der Leitgedanke des Buches (vgl. Déclaration pour les mystères d'Aicha, de Pascal, d'Elif et d'Oleg: « Nous sommes différents et nous ne sommes pas différents. »).

Während die beiden erstgenannten Methoden vergleichsweise stringent auf Sachorientierung ausgerichtet sind, kommt bei den Mysterys eine spielerische Komponente hinzu – verbunden mit einer vergleichsweise höheren argumentativen Offenheit, denn hier gibt es kein eindeutiges „richtig oder falsch“. Wie alle Spiele erhöhen Mysterys die Motivation, sich auch an schwierigeren Formulierungen in der Fremdsprache zu versuchen und zu lernen, Sachverhalte unter objektiven Maßstäben diziplinübergreifend zu bewerten (Bewertungskompetenz). Die Offenheit der Inhalte und die themenübergreifenden Aspekte ermöglichen eine Progression vom Gruppenpuzzle mit von der Lehrkraft ausgehändigten Materialien über die Placemate-Technik mit eigenen Argumenten bis hin zur Mysterymethode, die vergleichsweise am meisten vernetztes Denken und Argumentieren verlangt. Es ist somit durchaus hilfreich, wenn die Lernenden bereits Erfahrungen mit gruppendynamischen Techniken haben, im Idealfall das „klassische“ Mystery aus anderen Unterrichtsfächern kennen.

1 vgl. https://www.methodenkartei.uni-oldenburg.de/uni_methode/gruppenpuzzle/ (Zugriff: 09.12.2021)
2 vgl. https://www.methodenkartei.uni-oldenburg.de/uni_methode/placemat/ (Zugriff: 09.12.2021)
3 z. B. mithilfe des Materials « Des pays d'où des immigrant(e)s viennent en France »

Das Schnittmengen-Diagramm veranschaulicht die Parameter, die ein Mystery vereint, sowie die Überlappungsbereiche seiner drei Basiskomponenten:

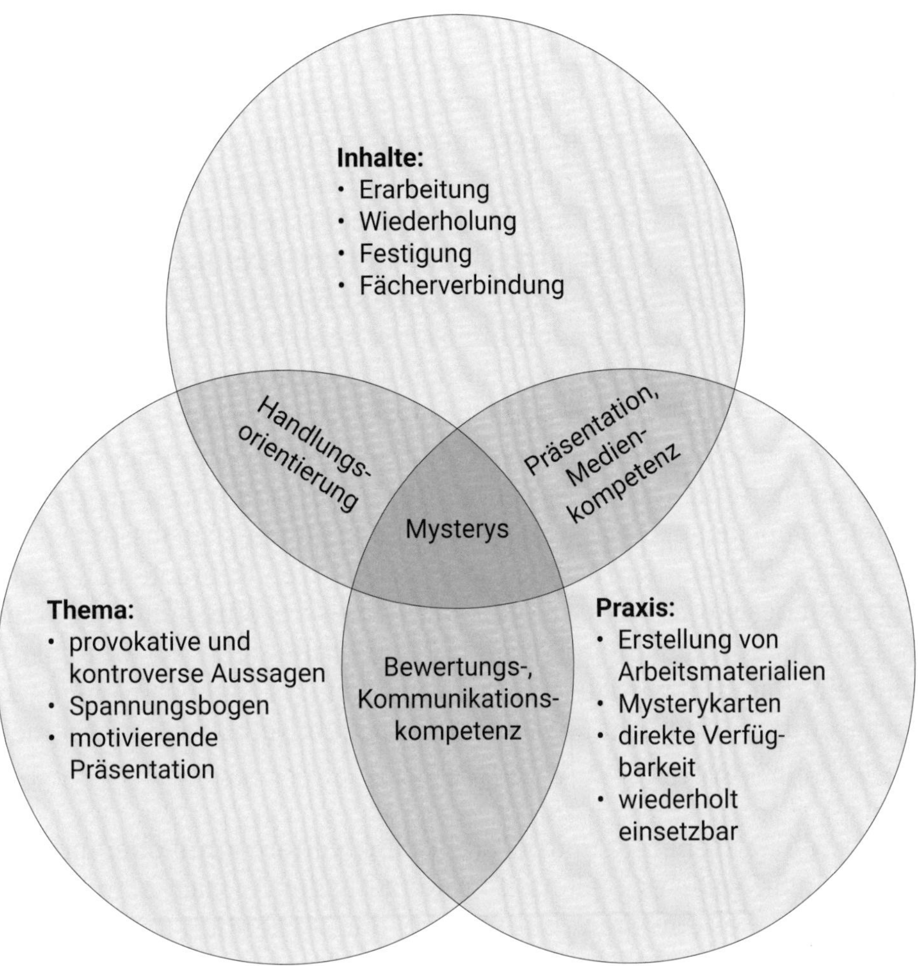

Abb. 1: Schnittmengen-Diagramm zur Veranschaulichung der Parameter, die ein Mystery vereint

1.2 Unterrichtliche Voraussetzungen

Als übergeordnete **Voraussetzung** für die Arbeit mit Mysterys im Französischunterricht sollten 3–4 Jahre Französischunterricht (Lehrbucharbeit in der Regel mit Themen wie Landeskunde, Familie, Feiern und Reisen organisieren, Umweltbelastung sowie leichte Lektüre) einschließlich des sicheren Umgangs mit einem gedruckten oder digitalen Wörterbuch erfüllt sein. Nach wie vor gilt hier die Prämisse der „Kommunikativen Kompetenz", erweitert um zeitnahe Themen mit (leider oftmals hohem) Aktualitätswert und der daraus resultierenden Forderung, der persönlichen Handlungskompetenz mit dem Ziel einer wünschenswerten, von Einsicht geprägten Selbstreflexion und Verhaltensänderung. Dabei spielen für den Lernenden auch die Fragen hinein, welche Folgen sich aus dem im Mystery versteckten Handlungsmuster ergeben und welche Auswirkungen seine Handlungsvorschläge in einer solchen oder ähnlichen Situation haben könnten. Diese Zielvorgabe wird im Fallbeispiel von Aicha als Diebin auf dem marokkanischen Markt besonders deutlich sowie im Mystery von Oleg, der sich indirekt zum „Alkoholmissbrauch" bekennt.

1.3 „Steckbrief" der Mysterys: Möglichkeiten und Grenzen im Französischunterricht der Sekundarstufe 1

Es empfiehlt sich, ähnlich wie beim Einsatz von Modellen im Unterricht, mit den Lernenden die (sprachlich-inhaltlichen) Möglichkeiten sowie Grenzen klar anzusprechen, denn dadurch wird Frusterlebnissen vorgebeugt. Diese können schnell demotivierend wirken, wenn Lernende merken, dass es nicht so recht klappt, die eigene Meinung darzulegen.

Wie bereits erwähnt, geht es bei Mysterys um die logische Verknüpfung von scheinbar widersprüchlichen Aussagen (z. B. das hier vorgestellte Mystery « Nous sommes différents et nous ne sommes pas différents. »), die den Lernenden auf Kärtchen oder DIN-A4-Bögen ausgehändigt werden. Die anfangs zusammenhanglos erscheinenden Tatsachen werden zu einem variablen Legekonstrukt verknüpft. Eine derartige Zusammenstellung verlangt eine angemessene Versprachlichung mit fremdsprachentypischen Redemitteln – im Gegensatz zu Mysterys im naturwissenschaftlichen Unterricht, die von der Fachnomenklatur „leben". Dabei sind durchaus den Inhalt leicht verfälschende „Sprachmutanten", so im grammatikalischen Bereich, gestattet; Hauptsache, die argumentative Botschaft des Verfassers wird klar kommuniziert. Damit wird auch dem Anspruch der kommunikativen Kompetenz Rechnung getragen. Mit der Begrenztheit des sprachlichen Potenzials ist bereits eine generelle **Grenze** von Mysterys im Fremdsprachenunterricht aufgezeigt. Diese schließt die Notwendigkeit der didaktischen Reduktion ein. Dadurch wird der Einsatz von Mysterys zugleich weniger zeitaufwendig. Gerade der Vorbereitungs- und Zeitaufwand im Unterricht selbst ist der Originalmethode folgend ein nicht zu vernachlässigender Kritikpunkt.

In den Bereich der didaktischen Reduktion fällt eine weitere sinnvolle Vereinfachung: Entgegen der laut Original-Mysterys geplanten Vernetzung der Aussagen, im Sinne von z. B. des Legens der Karten mit „Seitenwegen", sollten sich die Lernenden im Anfänger-Fremdsprachenunterricht auf deren lineare Anordnung beschränken dürfen. Dabei legen sie die Karten von einem übergeordneten, eher allgemeinen Hinweis zum Mystery sukzessive bis zu den detaillierteren Hinweisen oder umgekehrt. Damit ist zumindest gewährleistet, dass ein logisch aufgebautes Konstrukt entsteht. Natürlich dürfen bei entsprechender Sprechkompetenz Alternativseitenwege konstruiert werden (vgl. Vorbereitung und Durchführung der Mysterymethode).

Zudem gibt es fließende Übergänge zwischen „richtig oder falsch", denn zumeist bestehen mehrere argumentationsabhängige Möglichkeiten der Kartenfolge. Die Spanne reicht von „sachlogisch gut" über „logisch" und „inhaltlich unverständlich". Letzteres verweist darauf, dass der betreffende „Mysterylöser" die Sachlage nicht erfasst hat und hier vielleicht eine kleine Hilfestellung aus der Gruppe ratsam wäre. Diese Einhilfe sowie Schüler-Schüler-Gespräche bei den Löseversuchen eröffnen eine wertvolle **Möglichkeit** zur Schülerkommunikation und sind demzufolge auch als eine übergeordnete **Zielsetzung** von Mysterys anzusehen. Die „Mysterydetektive" werden angeregt, sich gegenseitig fair zu verhalten und den anderen ausreden zu lassen, unterschiedliche Meinungen zu akzeptieren und sich entsprechend zu korrigieren. Vorteilhaft ist zudem, dass nicht so sprachfreudige Lernende zur Mitarbeit angeregt werden. Schließlich ist nun nicht die Lehrkraft das Korrektiv, sondern Mitschülerinnen und Mitschüler übernehmen diese Funktion. Als positiver Begleiteffekt lernen im Idealfall eher schwächere Lernende von den Sprachgewandteren. Wie bei jeder Partner- und Gruppenarbeit in einer Fremdsprache handelt es sich zugegebenermaßen um eine unnatürliche Situation, denn „Wer unterhält sich schon mit jemandem in einer Fremdsprache, wenn beide dieselbe Muttersprache haben, das ist doch unbequem …“.

Einige Mysterys vereinen mehrere Teilaspekte des übergeordneten Rahmenthemas „Fremdsein, Anderssein“, so beispielsweise das Mystery 5 (Le mystère de Pascal et d'Oleg : « Les yeux grand fermés – c'est la nouvelle réalité ? »), wo es um Gewalt und Rassismus in Verbindung mit verantwortungsbewusstem Handeln (Zivilcourage) geht, oder Mystery 6 (Le mystère d'Aicha et de Bouchra : « des préjugés – des informations qui ne disent que la vérité !? »), in dem neben Vorurteilen gegenüber einer Muslima ebenfalls die Zivilcourage eine Rolle spielt. Diese Konzeption soll bei den Adressaten zu der Erkenntnis führen, dass häufig verschiedene Formen der verminderten Wertschätzung von Mitmenschen in Wechselwirkung zueinander stehen und sich gegenseitig bedingen sowie aufschaukeln können. Im Mystery 8 (Le mystère d'Elif et d'Oleg: « Quand il y a asssez de nourriture qui n'est pas assez ») werden die oftmals unzureichenden Lebensbedingungen von Migranten (finanzielle Probleme, Sprachdefizite, Arbeitslosigkeit) mit dem Alltagsphänomen der Lebensmittelverschwendung kombiniert. Im Mystery 9 (Le mystère d'Èlif : « Le communautarisme – opportunité et menaces pour les minorités !? ») greifen intrafamiliäre Konflikte und Kommunitarismus ineinander (Details zu den inhaltlichen Aspekten vgl. Durchführungshinweise zu den Mysterys).

Das Thema dieses Bandes betrifft nicht nur Menschen, die aus den oben aufgeführten Gründen folgenschwer als „anders“ abgestempelt werden, sondern gilt auch in Bezug auf Menschen mit Behinderungen, sozial schwache Mitbürgerinnen und Mitbürger, generell alle Bevölkerungsgruppen, die den scheinbar „normativen Vorstellungen“ der Gesellschaft nicht standhalten.

1.4 Leitfiguren in den Mysterys

Leitfiguren der Mysterys sind vier Jugendliche: die 16-jährige Aicha mit marokkanischer Abstammung, die 16-jährige Elif, deren Eltern aus der Türkei stammen, sowie Oleg, in Russland geboren, und der französische Jugendliche Pascal, beide 15 Jahre alt.
Die Vorstellung der vier Leitfiguren zielt auf die grundlegenden Zielkompetenzen von Mysterys (Herstellung eines Beziehungsgefüges der zur Verfügung gestellten Informationen, deren Gewichtung, Perspektivenwechsel).
Die Auseinandersetzung mit den durch die Leitfiguren repräsentierten Fallbeispielen soll den Lernenden auch ein Bewusstsein für grundlegende soziale Mechanismen vermitteln, die sowohl in der Geschichte von Volksgruppen (Jüdinnen und Juden, Sinti und Roma, Manouche in Frankreich u. a.) als auch heutzutage Ursache für Ausgrenzung bis hin zur gewalttätigen Verfolgung von Menschengruppen sind. Die zugrunde liegenden Wechselwirkungen gehen aus folgender Grafik hervor:

Une interaction de causes pour ...

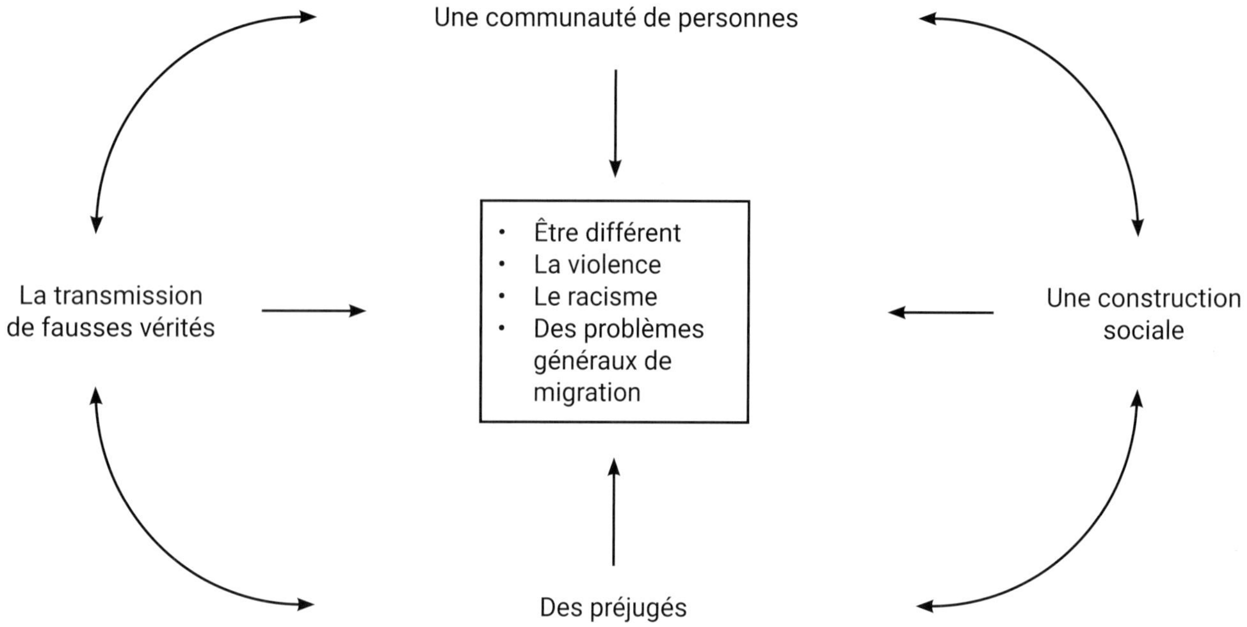

Une communauté de personnes
Être différent
La violence
Le racisme
Des problèmes généraux de migration
La transmission de fausses vérités
Une construction sociale
Des préjugés

Abb. 2: Interaktionsschema Ausgrenzung

Aicha, Elif, Pascal und Oleg repräsentieren eine Jugendgruppe, wie sie typischerweise in Frankreich zu erwarten ist, zumal auch eine Jugendliche aus den Maghreb-Staaten beteiligt ist. Dieser multikulturelle Freundeskreis soll zugleich dazu dienen, kulturelle Vielfalt als Merkmal unserer Gesellschaftssysteme zu akzeptieren, denn in vielen Ländern weltweit, nicht nur in Frankreich, leben Menschen verschiedener Ethnien zusammen. Damit ergeben sich auch die drei folgenden Themenschwerpunkte entsprechend der deutschen Bedeutung „Vorurteile, Gewalt, Rassismus – nein danke!“:

La migration en France – être different !?

Des préjugés / Non aux préjugés !
Des copains et des copines
Un cercle d'ami(e)s multiculturel
Oleg, 15 ans, Russe
Elif, 16 ans, Turque
Pascal, 15 ans, Français
Aicha, 16 ans, Marocaine
La violence / Non à la violence !
Le racisme / Non au racisme !

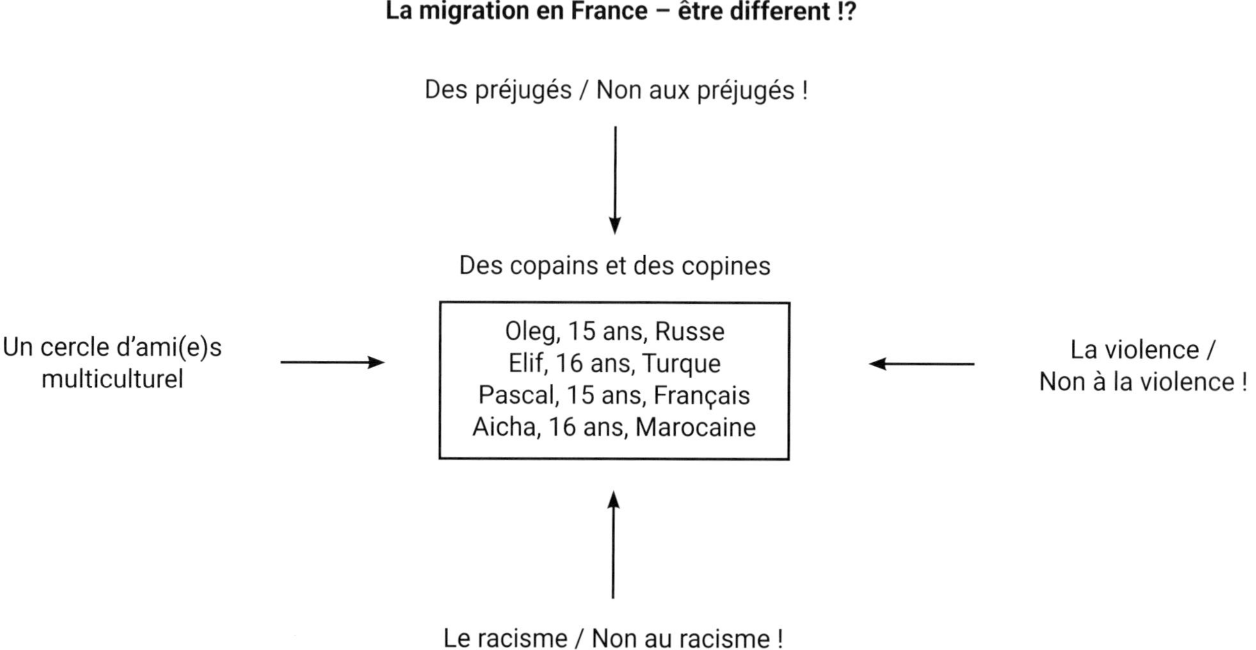

Abb. 3: Übersicht « La migration en France »

Während sich die Jugendlichen zunächst in Form ihres „Geständnisses" den Lesenden vorstellen, werden die verbleibenden Teilthemen jeweils als Erlebnisberichte der vier Freunde bearbeitet. Sowohl Altersgruppe als auch Inhalte der Mysterys sind so gewählt und konzipiert, dass sie den Lernenden, die mit ihnen arbeiten, eine adäquate Identifikationsmöglichkeit bieten und für den einen oder anderen erfahrungsgemäß ein aus seinem Alltag bekanntes Problem bzw. Phänomen darstellen.

Als Einstieg in « La migration en France – être différent !? » dient eine Karte mit Arbeitsaufträgen (« Des pays d'où des immigrés viennent pour s'installer en France »). Die Aufgaben klären die geografische Lage der verschiedenen Herkunftsländer und ermöglichen eine themengebundene Wortschatzarbeit. Somit entlasten sie zunächst noch ohne Bezug zu den Geheimnissen der vier Jugendlichen die zu lösenden Mysterys. Grundsätzlich kann die Karte unabhängig von den übrigen Materialien eingesetzt werden. Das Gleiche gilt für den Anhang mit weiteren Spielkonzeptionen. Diese können je nach Unterrichtsgang an andere thematische Schwerpunkte angepasst werden.

Die vorgefertigten Mysterykärtchen lassen sich zudem für weitere handlungsorientierte Reflexionen der Problemkreise einsetzen. Diese methodische Variante gibt den Lernenden die Möglichkeit, sich individuell mit den jeweils acht Aussagen auf den Kärtchen auseinanderzusetzen und für sich zu entscheiden, welche sie besonders betroffen machen, eventuell auf sie selber zutreffen, sie also in „ihrem Alltag abholen" oder ihnen emotional am Herzen liegen. Damit verbunden ist ein Meinungsaustausch mit einem Mitschüler/einer Mitschülerin (Partnerarbeit), der sowohl die Sprachbeherrschung trainiert als auch die Akzeptanz anderer Meinungen fördert.

1.5 Gliederung der Schülermaterialien

Um den Lernenden den Umgang mit den Schülermaterialien transparent zu machen, wird dort, wo eine Vorbereitung zur Vorgehensweise und zur Intention des Materials notwendig ist, eine kurze „Hinführung" formuliert.

Die Aufgaben sind mit **A**, Lösungsvorschläge mit **L** und Lösungstipps mit **T** gekennzeichnet.

Vorgehensweise: Beide Lernende wählen aus den acht Karten eines Mysterys vier aus und schreiben deren Text auf die linke Seite eines längs gefalteten DIN-A4-Bogens. Dieser wird an den Partner/die Partnerin weitergereicht, der/die seine/ihre Meinung zu den „Statements" der Mysterykarten formuliert. Anschließend werden die Bögen zurückgetauscht und die Kommentare vom Partner/von der Partnerin zunächst auf grammatikalische und sprachliche Richtigkeit geprüft. Im Anschluss daran können die beiden die Inhalte der Kommentare auf Deutsch diskutieren. Hier dienen somit die in der Fremdsprache formulierten, zum Teil kontroversen und kritikwürdigen Fakten als Vehikel zur Schulung der Bewertungskompetenz.

Im Folgenden ein Beispiel mit allen acht Aussagen zur Auswahl:

Beispiel: Mystère 1: Le souk

Karten 1–8, von denen 4 ausgewählt werden	Beispiele für Kommentare
1 Tous les pays africains sont sous-développés – c'est connu de tous !	1 C'est un préjugé qui n'est pas du tout prouvé.
2 Bouchra vole un foulard.	2 Qui, c'est vrai, elle ne l'a pas payé. C'est absolument faux.
3 Le vol soumet l'amitié des filles à une rude épreuve.	3 Je me poserais la question si je peux toujours faire confiance à mon ami(e).
4 Un conflit moral se produit surtout entre Aicha et Bouchra.	4 Est-ce que l'amitié entre Aicha et Buchra va supporter ce conflit ? Comment est-ce que la relation des deux filles va se développer à l'avenir ?
5 Les souks, surtout les épices, sont une tradition des pays du Maghreb.	5 Une bonne tradition qui a enrichi des recettes dans beaucoup de pays.
6 Aicha ne sait pas quoi faire : trahir le vol commis par Bouchra ou se taire ?	6 Aicha a aussi un conflit moral qui l'accable. Elle sait qu'elle a « fait des conneries ».
7 « Mais les filles de mon âge portent un foulard comme ça. Il faut être en vogue ! »	7 Oui, pourquoi pas être en vogue, d'accord, mais avec des moyens légaux.
8 « Et alors, le marchand a assez de foulards, un de plus ou de moins, et alors ... »	8 Elle a raison, mais si cela est la justification pour un vol ...

1.6 Möglichkeiten der Binnendifferenzierung

Insbesondere Mysterys bieten die Möglichkeit der Differenzierung innerhalb der Lerngruppe, die vornehmlich im Fremdsprachenunterricht einen didaktisch-methodisch wertvollen Stellenwert besitzt. Dort sind erfahrungsgemäß unterschiedliche Sprachniveaus und Bereitschaften der Lernenden zum freien Sprechen in der Fremdsprache allgegenwärtig und zugleich eine Herausforderung für die Unterrichtsgestaltung.

Bei den Aufgabenstellungen zu den Mysterys sind die entsprechenden Aufgaben als **Differenzierungsaufgaben** ausgewiesen. Weitere Differenzierungs- und Vertiefungsmöglichkeiten bieten die Materialen im Anhang. Mit „Migration in Frankreich" (9.5) können je nach Lernstand und Interessenlage der Lerngruppe fächerübergreifende Aspekte integriert werden.

Das oberste Gebot für Gruppenbildung nach dem Leistungsniveau, das ja auch der Zielsetzung dieses Mysterybandes entspricht, besteht darin, den eher schwächeren Lernenden ihrerseits dabei nicht das Gefühl der Ausgrenzung zu vermitteln, sondern ihnen zu verstehen zu geben, dass sie durch ihre Beiträge den anderen zuarbeiten können.

- Die Mysterys werden zunächst in entsprechenden Kleingruppen inhaltlich bearbeitet und Unklarheiten geklärt, wobei eher schwächere Lernende mit einem fachlich stärkeren Mitschüler/einer fachlich stärkeren Mitschülerin arbeiten. Die Fortgeschritteneren bewältigen diese Aufgabe in Stillarbeit.
- Auch die Fragen bzw. Aufgabenstellungen können in diesem Sinne je nach Schwierigkeitsgrad an verschiedene Lernende vergeben werden.
- Das Gleiche gilt für die freien Aufgaben, so z. B. das Verfassen eines Artikels für die Schülerzeitschrift für die sprachlich gewandteren Lernenden und näher am Text orientierte Aufgaben für die noch im sprachlichen Aufbau befindlichen Lernenden.
- Die Anordnungsform des Legekonstrukts: Bessere Lernende versuchen sich an einer Anordnung mit Seitenzweigen und kommentieren ihre Entscheidung. Andere Schülerinnen und Schüler beschränken sich auf das Hinter-/Untereinanderlegen der Karten und geben ggf. nur einen Satz als begründendes Statement ab.
- Die Möglichkeit, im Notfall auf Deutsch auszuweichen, kann ebenfalls eine sinnvolle Differenzierungsmaßnahme sein, ebenso die Auswahl der zu bearbeitenden Aufgaben durch die Lernenden selbst, denn wer sich eine Aufgabe selbst auswählt, die ihn/sie interessiert, hat erfahrungsgemäß auch eine höhere Motivation, dazu eine passable Lösung zu liefern.

2 Vorbereitung und Durchführung von Mysterys

Zu Beginn werden die vier Leitfiguren der gesamten Lerngruppe vorgestellt, evtl. zusammen mit einem kurzen Brainstorming zur Gesamtproblematik auf Deutsch. Das hat den (motivierenden) Vorteil, dass alle Beteiligten Argumentationsrüstzeug erhalten und auch ihr Vorwissen zum Thema einbringen können.
Die Lerngruppe wird anschließend in Kleingruppen zu je vier Lernenden aufgeteilt. Pro Gruppe ist ein Mystery vorgesehen. Je nach Anzahl der Gruppen gibt es für die vier „Mysterydetektive" Kopien der Mysterys, zum Beispiel das persönliche Geheimnis von Aicha. Jede Gruppe erhält dann in einem Briefumschlag einen Fall mit der entsprechenden Anzahl an Kopien darin. Sofern mehr als vier Gruppen gebildet werden müssen, erhalten mehrere Gruppen dasselbe Mystery. Die Verteilung der Briefumschläge wird durch „Ziehen" entschieden.

Auf den Kopien stehen auch die Arbeitsaufgaben, die vor dem Legen der Karten im ausgehändigten Umschlag bearbeitet werden sollen. Zudem benötigen die Lernenden einen Stapel von kleinen Zetteln für die Lösung der ersten Aufgabe.
Das Anheften dieser Lösungszettel an der Tafel o. Ä. ist fakultativ. Je nach Vertiefungsgrad und Zeitverfügbarkeit sollte die Lehrkraft über diesen Unterrichtsschritt entscheiden. Er ist jedoch anzuraten, da dann alle Lernenden dieselben Basisinformationen haben. Alternativ kann auch jede Gruppe für sich arbeiten und erst in einer aufwendigeren Präsentationsphase das Gesamtergebnis nach Abschluss aller Aufgaben und der Erstellung ihres Legekonstrukts präsentieren. Eine solch umfassende Arbeitsform käme beispielsweise infrage, wenn es eine Projektwoche zum Thema „Migration und Rassismus" o. Ä. in der Schule gäbe und die einzelnen Unterrichtsfächer ihren Beitrag leisten.

In den Kleingruppen bearbeiten die Lernenden die restlichen Aufgaben. Alternativ können diese auch als Hausaufgaben vergeben werden. Sobald die Ergebnisse vorliegen, werden sie im Plenum, ggf. unter Zuhilfenahme der Lösungshinweise, durchgesprochen. Dabei kann auch Wortschatz- sowie Grammatikarbeit einfließen. Mit diesem Teil der Mysterybearbeitung ist dann der Teil zum Spracherwerb weitestgehend erfolgt.

Im nächsten Schritt erhalten die Gruppen zu ihrem Mystery die Legekärtchen. Die Mitglieder erstellen das Legekonstrukt und diskutieren untereinander. Auch hier bietet es sich an, die von der Gruppe präferierte Ideallösung den Mitschülerinnen und Mitschülern zu präsentieren. Damit die Verwendung der Mysterymethode den aufgezeigten Zielen (Erhöhung der Motivation zum Erlernen einer Fremdsprache, vernetztes Denken und Argumentieren, handlungsorientiere Verhaltensänderung, Schulung der Bewertungskompetenz) gerecht werden kann, darf dies auch auf Deutsch erfolgen, um so wirklich ein Bewusstsein für die Problematik und Lösungswege zu finden bzw. Verhaltensänderungen bei den Lernenden zu erzielen.

In der einfacheren Variante werden die Karten nur hinter- oder nebeneinandergelegt, sodass die Aussagen logisch aufeinanderfolgen. Eine Progression ist möglich, indem auch Seitenzweige ermittelt werden.

Beispiel zur Kartenverteilung zum Mystery von Aicha:

1 Tous les pays africains sont sous-développés – c'est connu de tous !	2 Bouchra vole un foulard.
3 Le vol soumet l'amitié des filles à une rude épreuve.	4 Un conflit moral se produit surtout entre Aicha et Bouchra.
5 Les souks, surtout les épices, sont une tradition des pays du Maghreb.	6 Aicha ne sait pas quoi faire : trahir le vol commis par Bouchra ou se taire ?
7 « Mais les filles de mon âge portent un foulard comme ça. Il faut être en vogue ! »	8 « Et alors, le marchand a assez de foulards, un de plus ou de moins, et alors … »

Diese Karten werden dann in der Reihenfolge 1, 5, 2, 7, 8, 3, 4, 6, also ausgehend von einer eher allgemeineren Aussage hin zu den präzisieren, positioniert. Alternativ ist es möglich, mit einem Detailstatement zu beginnen und als letzte Karte die übergeordnete Aussage zu nehmen (6, 4, 3, 8, 7, 2, 5, 1). Auch sachlogisch begründete weitere Anordnungsformen sind denkbar.
Eine andere Form der Anordnung ist folgendes Legemuster, das Verzweigungen und Verknüpfungen berücksichtigt, somit inhaltlich differenzierter ist: links die Tat als Startkarte, mittig Aichas Rechtfertigung und rechts die Auswirkungen auf das Freundschaftsverhältnis. Verknüpfungen werden durch Pfeile angezeigt.

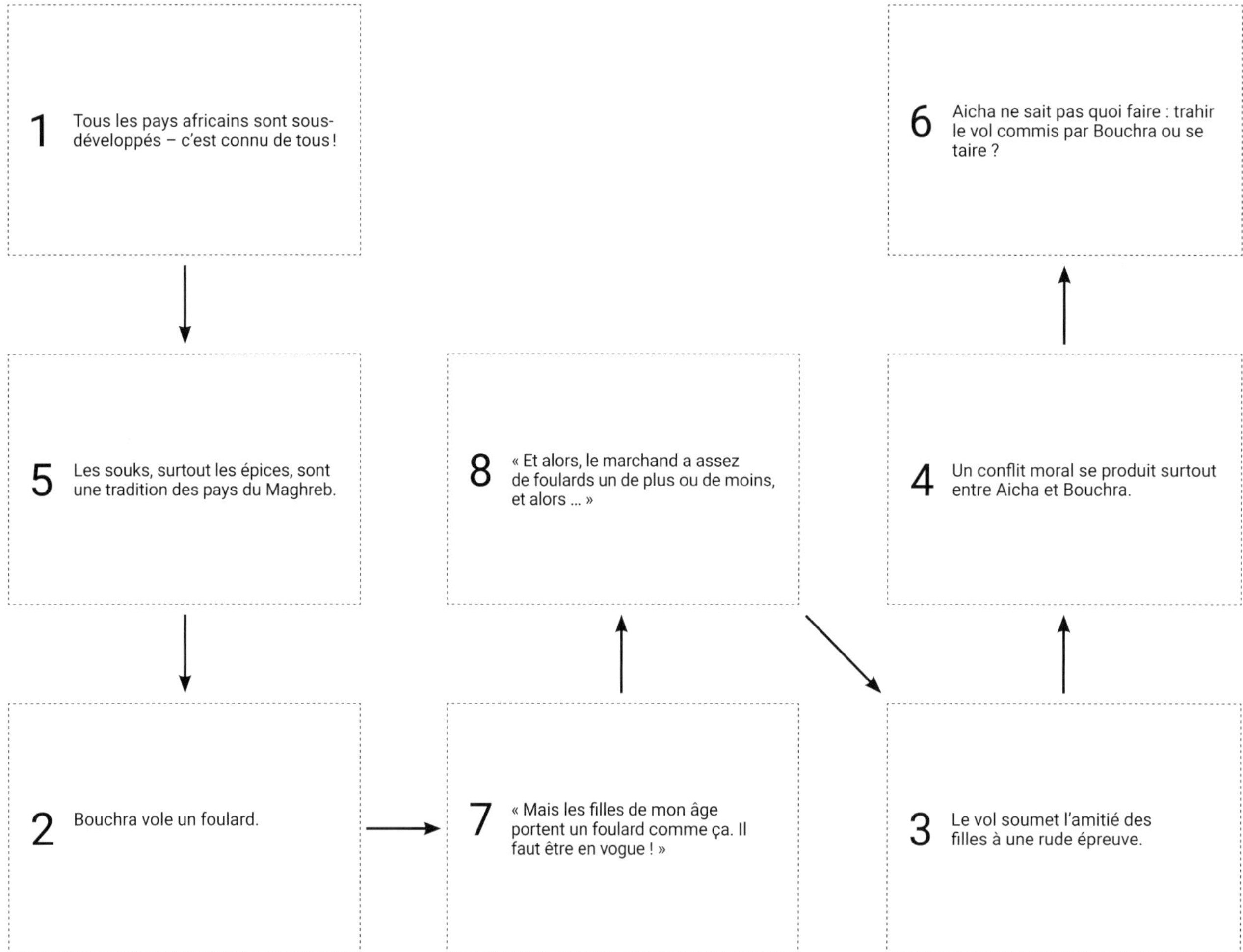

Nachdem die Gruppenmitglieder ihr gemeinsames Legekonstrukt fertiggestellt haben, werden die Kärtchen auf einen Bogen Zeichenkarton geklebt und Pfeile zwischen den einzelnen Aussagen eingetragen. So werden Seitenwege besonders deutlich. Zudem bieten im Fortgeschrittenenunterricht die Pfeile eine Möglichkeit der sprachlichen Progression, wenn die jeweils gewählte Reihenfolge inhaltlich kurz kommentiert bzw. begründet wird.

Im Folgenden wird unter den Abschnitten 2.1 und 2.2 vorbereitendes Lernmaterial dargestellt.

Hinweise zur Landkarte (Lernmaterial 2.1):
Die Bearbeitung der Aufgaben schult in erster Linie den sprachlichen und grammatikalischen Umgang mit Ländernamen, deren Einwohnerinnen und Einwohnern sowie den dazugehörigen Adjektiven. Das Material kann in verschiedenen unterrichtlichen Kontexten eingesetzt werden, sowohl in der Erarbeitungsphase als auch zur Wiederholung und Festigung.
Seine Verwendung ist von den Mysterys unabhängig und kann im Zusammenhang mit dem in Lehrbüchern des Sekundarbereichs I üblicherweise vorhandenen Kapitel zu Ländernamen, Einwohnern und Länderadjektiven erfolgen.

Zugleich wird den Lernenden die geografische Lage der Länder gezeigt, sodass sie auch einschätzen können, wie weit das jeweilige Heimatland der drei nach Frankreich umgezogenen Leitfiguren (Elif, Aicha, Oleg) ungefähr von Frankreich entfernt ist.

Auch ein übergeordneter Fächerübergiff zur Geografie ist mit der Bearbeitung der Aufgaben gegeben.

Hinweise zu den Biografien der vier Leitfiguren (Lernmaterial 2.2):
Zunächst stellen die vier Leitfiguren – Oleg, Elif, Pascal, Aicha – sich kurz vor, indem sie beschreiben, wie und warum es zum Umzug nach Frankreich kam.
Mit diesen Kurzporträts soll die Identifikation der Lernenenden mit ihren zukünftigen Begleitern durch die Mysterys angeregt werden, zugleich ist dieses der Beginn eines Spannungsbogens, der später in den jeweiligen „Abenteuern“ der vier aufgebaut wird. Dieser beginnt durch den jeweils abschließenden Satz « Voilà mon mystère ... » u. Ä. Aus diesem Grund gibt es in Abschnitt 2.2 auch noch keine Arbeitsaufträge, denn es handelt sich um reine Lesetexte.

Differenzierungsmöglichkeit:
Présentez-vous aussi à vos copines et copins dans la classe.

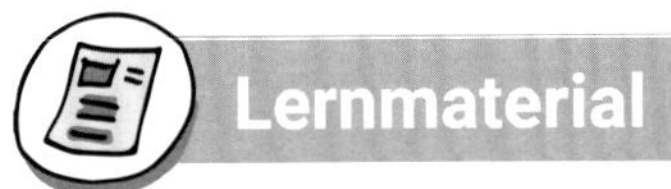

2.1 Des pays d'où des immigrant(e)s viennent en France

Europäische und angrenzende afrikanische Länder

4 5 3 6 16 1 2 17 14 15 13 12 18 9 19 11 20 21 10 22 7 8 27 23 24 25 26

[A] Faites une liste avec **les noms des pays de n° 1 au n° 27, les habitantes et habitantes et les adjectifs (m. et f.)** suivants :
tunisien, algérien, marocain, turc, bulgare, hongrois, tchèque, danois, néerlandais, luxembourgeois, italien, espagnol, russe, suédois, anglais, grec, roumain, autrichien, polonais, allemand, belge, suisse, français, portugais, finlandais, norvégien, irlandais.

[T] Si vous ne savez pas le nom du pays, prenez une carte de l'Europe. Un dictionnaire va vous aider pour le vocabulaire.

Numéro	**Nom du pays**	**Habitant, Habitante**	**Adjectif (m. et f.)**
1			
2			
3			
4			
5			
6			
7			
8			
9			
10			
11			
12			
13			
14			
15			
16			
17			
18			
19			
20			
21			
22			
23			
24			
25			
26			
27			

[T] Lisez les adjectifs dans l'ordre : d'«irlandais» au «tunisien». Cela vous montre les noms des pays du numéro 1 au numéro 26.

Hinführung:
D'abord, vous allez faire la connaissance de trois mystères qui vous préparent pour les tâches autour de « La Migration en France – être différent !? ».

Le premier mystère :
Vous connaissez certainement le jeu „Stadt, Land, Fluss“ (« Ville, Campagne, Rivière »). On va adapter ce jeu aux pays sur la carte et vous allez jouer à deux. Puisque ce jeu peut s'avérer un peu trop difficile en français, on va changer. Vous pouvez nommer « une particularité nationale » en allemand, mais ... ??? C'est le premier mystère. Vous devinez peut-être ce que vous devez faire ? Si oui, écrivez-le en allemand !

Nom du pays	Capitale	Une particularité nationale (si nécessaire en allemand)
Exemple : France	Paris	La tour Eiffel

T Si c'est nécessaire de noter la particularité en allemand, il vous faut la décrire en français à votre copain / votre copine. Il / elle doit deviner votre idée et la corrige le cas échéant.
Dàccord, on y va ! L'un de vous énumère les lettres de l'alphabet, mais dans sa tête. Puis, le / la partenaire dit « stop ». La lettre énumérée est la première lettre du pays, de la capitale et de la particularité.

Le deuxième mystère :
Discutez, en français naturellement, de votre choix. Vous pouvez aussi choisir un pays qui n'est pas sur la carte. Puis, le copain / la copine fait le détective : en s'appuyant sur vos indices, il / elle doit trouver le « coupable ».
Voici quelques idées utiles :

- position géographique de mon pays
- mes raisons pour l'aimer
- des particularités / des spécialités ?
- des « V.I.P. » / des personnes marquantes ?
- des événements politiques extraordinaires ?
- Ce que je voulais toujours dire au sujet de ce pays ...

Le troisième mystère autour de la carte d'Europe et du nord de l'Afrique ...
Regardez la carte et indiquez des pays d'où des immigrant(e)s viennent peut-être en France. Où trouver des informations ? C'est à vous de faire une recherche ...

Lernmaterial

2.2 Un cercle d'ami(e)s multiculturel

Voilà les protagonistes du Lycée Louis Pasteur à Avignon qui vont vous aider à trouver les solutions des mystères.

« Je suis Oleg, j'ai 15 ans. Je suis né en 2005 à Moscou où mon père a travaillé comme ingénieur. Comme il a eu une offre de travail lucratif à Avignon, toute la famille a immigré vers la France en 2015. Au début, j'ai eu beaucoup de difficultés, surtout avec la langue française. Mais j'ai tout de suite trouvé des copains et des copines qui m'ont beaucoup aidé à m'intégrer. Voilà mon mystère ... »

« Je m'appelle Elif. A l'âge de deux ans je suis venue en France avec ma famille, parce qu' ici il a y plus de chances pour gagner de l'argent qu'en Turquie, mon pays natal. J'ai déjà passé mon enfance à Avignon. C'est pourquoi le français est presque ma langue maternelle. Mais je parle encore passablement le turc. Voilà mon mystère ... »

« Salut tout le monde, je suis Pascal, le Français dans notre club. Alors, qu'est-ce que je peux vous dire sur moi ? J'ai 15 ans et j'habite la banlieue d'Avignon. Alors, voulez-vous d'autres renseigments ? Devinez-les à l'aide de mon mystère ... »

« Mon nom est Aicha. Je suis née en France, il y a déjà 16 ans. Mes parents sont immigrés en 1990, parce mon père a trouvé un travail dans une entreprise de transport internationale. Il a donc parfois la chance de faire des tours au Maroc où on peut rencontrer notre famille. Ma mère aime son travail à l'hôpital. Elle est infirmière. Et moi, j'aime l'école et mes amis. Mon mystère ? Voilà ... »

3 Mysterys 1–4

Les mystères d'Oleg, d'Elif, de Pascal et d'Aicha

Hinweise für die Lehrkraft

Inhaltliche Aspekte:

- Gesetzesverstoß
- Bewährungsprobe für eine Freundschaft
- mangelndes Selbstwertgefühl
- kulturelle Traditionen
- Alkoholismus bei Jugendlichen

Zum Inhalt:
Nachdem den Lernenden im Kapitel 2.2 **Un cercle d'ami(e)s multiculturel** ihre zukünftigen Begleiter durch die Episoden zu den Themenschwerpunkten Vorurteile, Gewalt, Rassismus, Mobbing, Kommunitarismus, Lebensmittelwertschätzung bereits kurz vorgestellt wurden, lernen sie in den ersten vier Mysterys die rätselhaften Geheimnisse der Leitfiguren kennen. Bis auf Pascal haben alle einen Migrationshintergrund: Aicha stammt aus Marokko, Elif aus der Türkei und Oleg aus Russland. Die Mysterys stehen – außer im „Fall Pascal" – im Kontext der jeweiligen Herkunft. Sowohl Alter als auch die situativen Zusammenhänge sollen Identifikationsmöglichkeiten mit den Charakteren ermöglichen, die nicht nur auf Jugendliche in Frankreich zutreffen, sondern generell die in den folgenden Mysterys vertieften bzw. präzisierten Problemkreise betreffen. Die Geheimnisse von Aicha, Elif, Pascal und Oleg wurden bewusst so konstruiert, dass sie den Lernenden den exemplarischen Charakter der Verhaltensweisen signalisieren, jedoch durchaus zur Lebenswelt der betreffenden Altersgruppe zählen. Zugleich sollen die Lernenden dafür sensibilisiert werden, dass die Mysterys der Leitfiguren keinesfalls unreflektiert verallgemeinert werden dürfen, sondern es sich hier zunächst einmal um Einzelschicksale handelt, die viele Denkanstöße zur kritischen Reflexion bieten.

Hinführung:
Zur inhaltlichen Entlastung erhalten die Lernenden, bevor sie die Mysterykarten ordnen, diverse Arbeitsaufträge. Je nach Intention des Unterrichts könnten diese auch weggelassen werden. Im 2. Abschnitt (Déclaration pour les mystères d'Aicha, de Pascal, d'Elif et d'Oleg : « Nous sommes différents et nous ne sommes pas différents. ») erfolgt die eigentliche Erstellung des Legekonstrukts.
Die ersten vier Rätselaufgaben führen auf die oben genannten Schwerpunktthemen, denn sie stellen zunächst die persönlichen, mehr oder weniger kritikwürdigen Erlebnisse der vier vor und eröffnen einen Beurteilungsspielraum für die Lernenden. Bis auf den kleinen „kulinarischen Betrug" von Elif und ihrer Schwester, der auch einen humorvollen Ansatz beinhaltet, sind die Hintergründe bei genauerem Hinsehen schwerwiegender.
Im Detail geht es darin auch um Freundschaft, interkulturelle Traditionen, das Ringen von Akzeptanz in einer „Peergroup", den Alkoholkonsum von Jugendlichen und die Gefahr der Ausgrenzung, wenn man „nicht mitmacht". Aus derartigen Zusammenhängen können in letzter Konsequenz Gewalt, Zivilcourage, Mobbing sowie Kommunitarismus resultieren, die Kernaspekte der folgenden Mysterys.
Die individuellen Mysterybiografien der vier Leitfiguren stellen den Lernenden ihre zukünftigen Begleiter vor und bereiten sie auf die **grundlegenden Zielkompetenzen von Mysterys** vor,

wie die **Herstellung eines Beziehungsgefüges der zur Verfügung gestellten Informationen, damit einhergehend deren notwendige Gewichtung** sowie den für Mysterys typischen **Perspektivenwechsel.** Hinzu kommt im Rahmen des **kooperativen Lernens** die **Förderung der Argumentationsfähigkeit.**
Entscheidend für die Beschäftigung mit den Fallbeispielen in einem Unterrichtsgespräch, das auch aus Gründen der inhaltlichen Klarheit auf Deutsch geführt werden kann, ist, den Lernenden zu vermitteln, dass hier und auch in den folgenden fünf Rätseln voreiligen Verallgemeinerungen im Kontext mit anderen Kulturen und Ethnien klar widersprochen wird.

Einstiegsmöglichkeiten:
Im Idealfall bietet das im Unterricht verwendete Lehrbuch bereits Kapitel zu einem multikulturellen Freundeskreis, z. B. einer neuen Mitschülerin, die mit ihren Eltern beispielsweise aus einem Maghreb-Staat nach Frankreich gekommen ist. Auch die Lektüre « Arrête ton cinéma, Tarek ! » (vgl. Medienhinweise) ist ein geeigneter „Aufhänger“, um selektiv einen der oben aufgeführten Problemkreise zu vertiefen.
Eine direkte Einstiegsmöglichkeit in die Mysterys 1–4 kann über die kommentarlose Impulspräsentation der Porträts von Aicha, Elif, Pascal und Oleg erfolgen. Die Lernenden stellen Vermutungen zur ethnischen Herkunft der Jugendlichen an und nennen ihre Gründe dafür. Hier könnten Vorurteile auftreten, welche die Lernenden unreflektiert zum Beispiel von ihren Eltern übernommen haben – also ein möglicherweise schon kontrovers erfolgendes Schüler-Schüler-Gespräch, das die Lehrkraft in Richtung der Mysterys kanalisieren kann.
Auch die Schilderung eines (fiktiven) Erlebnisses seitens der Lehrkraft auf Französisch, beispielsweise die Beobachtung zweier Kinder/Jugendlicher beim Ladendiebstahl und der eigenen Hilflosigkeit in der Situation (ansprechen, melden, ignorieren?), kann ein inhaltlicher Aufhänger sein, gefolgt von der Bitte an die Lernenden, hier gegebenenfalls eigene Erlebnisse hinzuzufügen. Damit wäre ein sinnvoller Sprechanlass gegeben, der das freie Sprechen trainiert.
Die Wahl des jeweiligen Einstiegs richtet sich nach der Zeit, die für die inhaltliche Vorbereitung der Bearbeitung der Mysterys vorgesehen ist.

(Querverweis zu einer Möglichkeit der Binnendifferenzierung am Beispiel des Mysterys 1 vgl. Mystery 6: Le mystère d’Aicha et de Bouchra « Des préjugés – des informations qui ne disent que la vérité !? »)

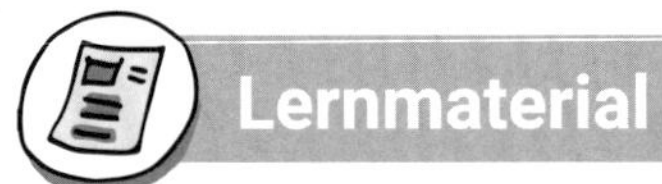

Lernmaterial

Mystery 1 : Le souk

Cette année, pendant les vacances d'été chez ma famille, mes amies et moi, nous sommes sorties et nous sommes allées visiter le souk. J'aime ça : les épices odorantes, les artisans avec leurs traditions et beaucoup d'autres choses. Nous avons rigolé tout le temps et tout à coup, j'ai accroché un stand d'épices. Il est tombé avec fracas et le vendeur a crié : « Foutez le camps, les filles » Ça, nous ne nous le faisons pas dire deux fois. Et il y a eu un grand pêle-mêle. Mais plus tard, un problème inattendu est survenu, mettant mon amitié avec Bouchra à l'épreuve. Bouchra avait volé un beau foulard. Elle le présentait fièrement après s'être mise hors d'atteinte. Elle attendait de ses amiées qu'elles n'en parlent à personne. Que faire ?

Mystère 2 : À l'école

A l'école, je ne suis pas très aimé. Pourquoi ? Je suis souvent en retard, parce j'ai des problèmes pour me lever le matin. Ça ne dérange pas particulièrement les autres, mais la prof de maths, elle se trompe toujours dans ses calculs et puis, elle s'agite terriblement. Ça fait rire toute la classe. Si je fais le clown, on m'aime bien. Quelques fois je me demande si j'ai de vrais amis dans ma classe à vrai dire. Il y a quelques jours, j'ai pensé que « non » quand Mireille a voulu copier mes devoirs d'anglais, parce qu'elle ne me donne jamais les solutions de maths. Après ça, elle ne m'a plus parlé.

Mystère 3 : La fête d'anniversaire

Le samedi dernier, ma sœur Azra et moi nous avons voulu préparer sa fête d'anniversaire le soir-même. Au petit-déjeuner nous avons fait une liste des achats pour un repas traditionnel turc, surtout des lahmacuns – des pizzas turques – avec de la salade et de l'adana kebab. Voici notre liste : de la viande hachée de mouton, de la farine, quelques épices, du sel, de l'huile, des tomates, des concombres, des poivrons, des oignons et du vinaigre. À 19 heures, on a voulu préparer les spécialités pour la fête prévue à 20 heures. Quand ma sœur a ouvert le frigo pour prendre les ingrédients, elle a eu un choc : pas de viande hachée du mouton. Que faire ? Notre seule chance : le snack turc du coin. Trop bien qu'il y ait une cuisine multiculturelle pour cette forme de « coopération », même si beaucoup de contemporains n'acceptent ou ne tolèrent pas d'« étrangers » dans notre quartier ...

Mystère 4 : La vodka

Vous savez qu'en Russie la vodka est la boisson alcoolique traditionnelle et que même les jeunes en boivent. En plus, c'est de notoriété publique que les Russes supportent bien l'alcool. Maintenant mon aventure : Pendant nos vacances d'hiver l'année dernière, j'ai retrouvé ma vieille clique à Moscou. On s'est lancé un défi pour voir qui parmi nous peut encore se balancer sur la bordure du trottoir après deux verres de vodka ? Il s'est avéré que non ... Je suis tombé et je me suis gravement blessé au genou gauche. Mais qu'est-ce j'aurais pu faire au lieu de participer à la petite « beuverie »? Me dégonfler ? Non, il n'en est pas question. Je ne suis pas un lâche.

Voici comment vous préparer pour ce travail avec la méthode « Mystery » :
Travaillez en groupe de quatre. Votre prof vous donne une fiche de travail avec l'un des mystères. Naturellement, vous devinez tout de suite de quel(le) copain / copine il s'agit. Ne le dévoilez pas aux autres groupes. Cherchez dans votre groupe quatre arguments qui vous indiquent quel est par exemple, le mystère d'Oleg et notez-les sur des petites cartes. Cela fait quatre cartes par groupe. Si nécessaire, corrigez vos notes ensemble. Donc, vous avez réconstitué les mystères d'Oleg, d'Elif, de Pascal ou d'Aicha. Pour finir, collez les cartes au tableau pour que toute la classe puisse les regarder. À la fin, tous les « secrets » sont présentés au tableau et vous pouvez vous occuper des autres tâches.

L'énigme est résolue quand vous aurez résolu les problèmes suivants :

A

1. Quel est le secret de chaque protagoniste ? Expliquez votre décision par un indice clé du mystère.
2. Qu'est-ce que tous ces secrets ont en commun ?
3. Qu'est-ce que ces secrets signifient pour Oleg, Elif, Pascla et Aicha ?
4. Imaginez les réactions des parents face aux aveux de leurs enfants ?
5. Choisissez un mystère qui vous semble être le plus grave des quatre. Donnez des arguments pour votre avis.
6. Imaginez être un copain ou une copine d'Elif, de Pascal et d'Aicha. Donnez un conseil constructif à chacun des quatre. Comparez vos conseils en classe et établissez une liste de ceux qui sont peut-être mentionnés plusieurs fois. Est-ce qu'il y a une ligne directrice qui apparaît ? Si vous voulez, présentez les idées sur une affiche.

T Pour que les discussions en classe ne deviennent pas trop vivantes, désignez un / une élève comme présentateur / présentatrice.

✂---

L

Mystère 1 : Aicha
La scène se passe dans un souk qui est typique pour le Maroc, d'où les parents d'Aicha sont originaires.

Mystère 2 : Pascal
Il décrit des situations qui sont typiques pour un lycée (pas seulement en France) et une situation personelle à l'école, d'après son propres expérience.

Mystère 3 : Elif
Elif et sa soeur Azra préparent un repas traditionel de la Turquie, le pays natal de leurs parents.

Mystère 4 : Oleg
La petite « beuverie » est la preuve d'avoir bu de la vodka (une boisson russe) avec ses copains à Moscou pendant les vacances d'hiver.

1. Tous les mystères tournent autour d'événements qui sont (un) peu illégaux et en dehors des normes sociales et culturelles respectives. Et puis, ils impliquent un préjugé.

2. Les copains n'aiment pas parler de leurs secrets, ni même les avouer. En plus, les aventures les accablent : Ils savent très bien qu'il s'est passé quelque chose qui pourrait leur procurer

des ennuis avec les parents, les profs et les ami(e)s. Tous les quatres se rendent compte qu'il faudrait peut-être changer leur propre attitude pour trouver une solution. Cela pourrait certainement les aider de parler ouvertement avec les personnes liées au « conflit ».

3. Il y a deux réactions principales. La réaction dépend de la relation entre les parents et leur(s) enfant(s) et de la méthode d'éducation. Celle-là peut être dominée par l'origine et les traditions culturelles de la famille. Soit la mère et le père préfèrent une éducation plutôt libérale, soit ils sont très sévèrs envers les enfants et les traitent d'une manière très autoritaire. Être libérale signifie : respecter les adolescents et leurs attitudes individuelles, par exemple pour ce qui est des traditions passées, offrir une critique constructive, discuter avec eux et essayer de trouver des solutions communes. Le contraire: pas de discussions, pas de chance pour les enfants d'expliquer pourquoi ils ont agit comme ça et pourquoi ils se sont décidés autrement que les « normes » le préscrivent. Dans ce cas-là une punission est prévue.

4. Ce que votre choix doit exprimer et faire comprendre à vos camarades de classe :
   - le contenu du mystère choisi
   - vos arguments pourquoi vous l'avez choisi
   - les raisons pour lesquelles vous le considérez comme « le plus grave »
   - une (petite) évaluation de ce que votre protagoniste a avoué

5. Des propositions que de vrais amis accepteraient certainement :
   à Aicha :
   - Fais savoir délicatement à Aicha que ce qu'elle a fait n'est pas correct, que la situation actuelle met en danger votre amitié et la confiance mutuelle.
   - Dis-lui clairement qu'elle ne pourrait plus être ton amie, parce qu'elle demande indirectement une preuve d' amitié que tu ne peux pas donner, car toi, tu es résolue.

   à Pascal :
   - Essaie de ne plus jouer au clown, travaille pour les maths. Par exemple, un prof répétiteur / une prof répétitrice et surprends tes camarades de classe (et tes parents ...) avec de meilleurs résultats en maths.
   - Parle peut-être avec ta mère / ton père, avec ton / ta prof principl(e) et trouve une solution que tout le monde apprécie à sa juste valeur.

   à Elif :
   - Sois courageuse et critque les traditions culturelles qui ne vont pas avec ta conception de la vie et ton âge. Avec des arguments logiques, cela va marcher.
   - Raconte aux hôtes de votre fête « l'histoire » du repas que vous avez amélioré avec les indrédients achetés – réussite garantie.

   à Oleg :
   - Peu importe ce que les autres pensent si tu réfuses l'alcool. Tu as suffisamment de confiance en toi et ta santé est bien plus importante.
   - Dis à tes copains que pour toi, l'amitié ne dépend pas de la boisson, mais ce sont eux qui comptent pour toi.

T Déclaration pour les mystères d'Aicha, de Pascal, d'Elif et d'Oleg : « Nous sommes différents et nous ne sommes pas différents. »

Damit ihr sinnvoll mit den Mysterykarten arbeiten könnt und alle von euch genau wissen, worum es bei diesem Mystery geht, bekommt ihr nun die Anleitung zur weiteren Vorgehensweise auf Deutsch. Eure Gespräche werden natürlich auf Französisch geführt, kleine „Ausreißer" sind erlaubt ...

Nehmt noch einmal die Mystères der vier Freunde (s. o.) zur Hand:
Mystère 1 : Le souk (Aicha)
Mystère 2 : À l'école (Pascal)
Mystère 3 : La fête d'anniversaire (Elif)
Mystère 4 : La vodka (Oleg)

Am besten ist es, wenn ihr in Kleingruppen zu jeweils vier Schülerinnen/Schülern arbeitet. Ihr erhaltet einen Briefumschlag mit 24 Karten, auf denen jeweils eine von insgesamt sechs Aussagen zu je einem der Geheimnisse der vier Freunde steht.
Lest nun gemeinsam in der Gruppe alle „Statements" auf den Karten und findet die sechs inhaltlich zusammenpassenden Aussagen, die eines der vier Geheimnisse beschreiben. Jede/Jeder von euch bekommt anschließend eine Sechserkartengruppe zu einem der vier Geheimnisse. Sie/Er legt die einzelnen Karten in eine Reihenfolge, die ihr/ihm inhaltlich logisch erscheint, (z. B. von einer allgemeinen, übergeordneten Aussage bis hin zu einer mit mehr Details oder umgekehrt) und klebt sie – am besten wieder ablösbar, z. B. mit „Klebepads" – auf einen Bogen Zeichenkarton.
Wenn z. B. Aussage A die Folge von Aussage B ist, zeichnet ihr einen Pfeil von dem Kärtchen B zu A. Sachverhalte, die sich gegenseitig beeinflussen oder bedingen, werden durch Pfeile in beide Richtungen verbunden. So erhaltet ihr ein Schaubild, das die Verknüpfungen der Aussagen wiedergibt.

Ziel der Legeaufgabe:
Ziel ist es, alle Karten zu einem Mystery unter Berücksichtigung der folgenden Aspekte in eine logische Reihenfolge zu bringen:

- des indices sur les cartes qui indiquent des différences culturelles ?
- les problèmes qui apparaissent plus ou moins directement dans les secrets
- la contradiction apparente dans la phrase « Nous sommes différents et nous ne sommes pas différents. »

Legekarten – Mystère 1 : Le souk

1 Tous les pays africains sont sous-développés – c'est connu de tous !	**2** Bouchra vole un foulard.
3 Le vol soumet l'amitié des filles à une rude épreuve.	**4** Un conflit moral se produit surtout entre Aicha et Bouchra.
5 Les souks, surtout les épices, sont une tradition des pays du Maghreb.	**6** Aicha ne sait pas quoi faire : trahir le vol commis par Bouchra ou se taire ?
7 « Mais les filles de mon âge portent un foulard comme ça. Il faut être en vogue ! »	**8** « Et alors, le marchand a assez de foulards un de plus ou de moins, et alors … »

L 1, 5, 2, 7, 8, 3, 4, 6 oder umgekehrt

Legekarten – Mystère 2 : À l'école

1 Notre système scolaire est assez difficile à comprendre pour les immigrants.	**2** Parfois, j'aimerais bien avoir des profs de maths plus tolérant(e)s.
3 Mais on le sait : les filles ne sont pas de bonnes mathématiciennes.	**4** Quand je fais le clown dans ma classe, on m'accepte.
5 Souvent, je pense de ne pas avoir le niveau pour passer mes examens.	**6** Mes parents m'encouragent à faire mon chemin.
7 Parfois, je pense que les autres abusent de ma gentillesse.	**8** Je n'ai pas beaucoup de confiance en moi.

1, 4, 2, 3, 5, 8, 7, 6 oder umgekehrt alternativ: 1, 5, 8, 6, 2, 3, 7 oder umgekehrt

Legekarten – Mystère 3 : La fête d'anniversaire

1 Dans notre famille, nous conservons nos traditions culturelles.	**2** J'aimerais bien manger une bonne escalope de porc.
3 Notre religion fait partie des traditions.	**4** Un malentendu : les Turcs ont inventé le kébab.
5 Une tradition culinaire : nous aimons l'ail et les desserts très doux.	**6** Mais c'est mal vu ici, il faudrait le faire clandestinement …
7 Beaucoup de gens ont des préjugés contre des « étrangers », mais profitent de leur travail et de leurs produits.	**8** Ce n'est pas l'origine ethnique qui compte, mais le caractère des gens.

7, 8, 3, 1, 5, 4, 2, 6, oder umgekehrt

alternativ: 8, 7, 1, 3, 5, 4, 2, 6 oder umgekehrt

Legekarten – Mystère 4 : La vodka

1 L' alcool nuit au système nerveux.

2 Il me faut plus de responsabilité individuelle.

3 Ce n'est pas le bon moyen pour ne plus penser à ses problèmes.

4 La consommation ne nuit pas seulement au consommateur, mais aussi aux autres, par exemple, à la famille.

5 Je bois seulement de l'alcool pour faire partie de ma clique.

6 Le préjugé : tous les Russes supportent bien l'alcool.

7 Quand dans mon groupe d'amis, je refuse quelque chose qui est un peu en dehors de la légalité, on me prend pour un lâche.

8 C'est le problème de devenir dépendant de l'alcool.

L 6, 1, 8, 4, 3, 5, 7, 2 oder umgekehrt – alternativ: 6, 4, 1, 8, 3, 5, 7, 2 oder umgekehrt

4 Mystery 5

Le mystère de Pascal et d'Oleg :
« Les yeux grand fermés – c'est la nouvelle réalité ? »

Hinweise für die Lehrkraft 

Inhaltliche Aspekte:

- bewusstes Umgehen mit einer gesetzlichen (Alters-)Regelung
- Gewalt
- Zivilcourage
- Rassismus

Zum Inhalt:
Die inhaltlichen Schwerpunkte, die hier im Fokus stehen, kreisen um das Nichteingreifen in Situationen, in denen jemand in Gefahr ist, obwohl eine Intervention möglich wäre. Die in der Gefahrensituation befindliche Person, hier ein Schwarzer Mensch, ist ein Beispiel dafür. Die zum Schluss von Oleg und Pascal doch noch gezeigte Zivilcourage soll ein Positivbeispiel dafür sein, dass sich persönliches Eingreifen lohnt.

Hinführung und Einstiegsmöglichkeiten:
Als Einstieg bietet sich zu diesem Thema ein Film aus der Reihe „Respekt" (ARD-Mediathek) an.[4] Dort werden die Beiträge stets aktualisiert und können entsprechend gesichtet werden. Auch Podcasts aus der Reihe „Podcasts NDR: 180 Grad – Geschichten gegen den Hass" können zur Einführung genutzt werden.[5] Diese Vorbereitung ist auf Deutsch sinnvoll, denn so ist gewährleistet, dass die gesamte Lerngruppe eine gemeinsame Startbasis hat. Je nach Sprachfertigkeit wäre es anschließend sinnvoll, dass die Lernenden auf Französisch in kurzen Sätzen ggf. eigene Beobachtungen bzw. Erlebnisse vorstellen. Dazu können sie sich in einer Stillarbeitsphase Notizen machen oder eine solche kreative Aufgabe zur Textproduktion als Hausaufgabe erledigen.
An der Tafel, dem Whiteboard o. Ä. werden die Schlüsselbegriffe aus dem ARD-Film bzw. einem Podcast zunächst auf Deutsch, daneben auf Französisch gesammelt. Damit stehen schon einmal gute Redemittel zur Verfügung. Die Ermittlung der französischen Übersetzungen erfolgt mittels digitaler[6], elektronischer oder gedruckter Wörterbücher. Ein Übersetzungsprogramm leistet ebenfalls gute Dienste.[7]

Vertiefungs- und Erweiterungsmöglichkeiten:
Auch aktuelle Zeitungsberichte sind hilfreich, z. B. zum Fall „George Floyd", „Black Lives Matter" in den USA. Die Fakten recherchieren die Lernenden am besten selbst.
Diese Vorschläge für den Unterrichtsgang richten sich nach der jeweiligen Gewichtung und der Zeitverfügbarkeit, die für das in diesem Mystery kommunizierte Thema „Gewalt, Zivilcourage, Rassismus" vorgesehen ist. Es ist durchaus sinnvoll, sich darauf schwerpunktmäßig zu beschränken und « Les yeux grand fermés – c'est la nouvelle réalité ? » exemplarisch zu nut-

4 https://www.ardmediathek.de/sendung/respekt/Y3JpZDovL2JyLmRlL2Jyb2FkY2FzdFNlcmllcy9kNGE2ZTUwOC05N-WFkLTQ5ZmUtYmM2ZS0zMWVjZWQ1MGEzYjY (Zugriff: 30.01.2022)
5 https://www.ndr.de/nachrichten/info/podcast4576.html (Zugriff: 30.01.2022)
6 z. B. https://defr.dict.cc/ (Zugriff: 30.01.2022)
7 z. B. https://www.deepl.com/translator (Zugriff: 30.01.2022)

zen, mit der Option, später darauf aufzubauen (Projekttage/-woche, Wochenarbeit, besondere Lernleistung, Referat u. Ä.).
Als anspruchsvolle, auch zeitaufwendigere Erweiterungsmöglichkeiten sind Rollenspiele attraktiv (auf Deutsch möglich), in denen wie im Mystery oder in einer ähnlichen Situation ein Opfer beleidigt oder angegriffen wird und zwei weitere Personen sich (nicht) entscheiden können, ob bzw. wie sie reagieren sollen. Dazu könnten die Lernenden beispielsweise auch ein Video drehen.
Da das im Mystery präzisierte Gewaltverhalten und seine Folgen Chancen bietet, Jugendlichen eine Handlungsorientierung für das eigene Verhalten oder einen Ernstfall zu geben, ist ein Expertengespräch hilfreich, in dem ein Deeskalationstrainer mit der Lerngruppe arbeitet.

Fächerübergreifende Aspekte:
Das hier im Fokus stehende Oberthema wird auch in anderen Unterrichtsfächern (sozialwissenschaftlicher Bereich, Ethik, Englisch) behandelt, sodass eine Kooperation als fächerverbindender bzw. fächerübergreifender Unterricht weitere entscheidende Impulse mit arbeitsteiliger Vorbereitung unter den Fachkollegen/Fachkolleginnen liefern kann. Als Verbindung zur Biologie kann das Vertiefungsmaterial aus Kapitel 9.6 (« Une affiche contre le racisme ») auf der Basis der Humanevolution verwendet werden.

Lernmaterial

Lesetext – Le mystère de Pascal et d'Oleg : « Les yeux grand fermés – c'est la nouvelle réalité ? »

C'est samedi soir. Pascal et Oleg ont un plan secret. À l'école, ils ont entendu dire qu'il y a une nouvelle discothèque « à la mode », « l'Arlequin ». Mais les deux amis ont deux problèmes : D'abord, ils n'ont que 15 ans. Pour les jeunes de moins de 18 ans, les discothèques ne sont pas autorisées. Second problème de moindre importance : « L'Arlequin » se trouve au Pontet, à 7 kilomètres du centre d'Avignon, là où Pascal et Oleg habitent. Pour résoudre le problème de l'âge, Oleg a une idée : ils vont coller une très petite moustache sous leur nez, coiffer leur cheveux avec un peu de gel et s'habiller comme des adultes. Pas de jeans, ni de t-shirts, mais un costume et une chemise du frère de Pascal.Plus difficile : le videur à l'entrée de la discothèque va peut-être leur demander la carte d'identité pour contrôler leur âge. Dans ce cas-là, leur stratégie est la suivante : Oleg va accuser son copain d'avoir oublié les cartes d'identités comme un idiot. Le videur s'impatienterait sûrement et les laisserait certainement entrer ...

Mais comment se rendre au Pontet ? Demander aux parents de les emmener en voiture et de venir les chercher plus tard ? Une idée idiote ! Alors le bus ? Non, ce n'est pas une bonne idée non plus ! C'est trop compliqué de changer de bus plusieurs fois. La seule possibilité, c'est de faire de l'auto-stop, bien qu'ils sachent que cela peut devenir trop dangereux.

Aussitôt dit, aussitôt fait. Samedi soir, 20.00 heures, les deux se mettent en route. Heureusemant, cela marche bien avec l'auto-stop et ils arrivent à Pontet à 21.00 heures, moment idéal pour faire du cinéma auprès du videur. Mais ce n'était pas nécessaire d'aller aussi loin. Pascal et Oleg sont encore en train de se concerter, quand une scène inattendue se joue devant leurs yeux : un jeune homme de couleur attend devant la discothèque, un peu hésitant sans savoir s'il aura la courage d'entrer, car c'est connu que des hommes de couleur y sont mal vus. Tout à coup, deux jeunes qui bavardent vivement s'approchent du « Arlequin ». « Hé, qu'est-ce que tu fais ici ? Dans la disco il y a de la musique sérieuse, rien pour des boschimans, va-t-en et retourne dans la brousse où tu es à ta place – la France aux Français ! L'Afrique aux nègres ! »

Le jeune homme de couleur ne dit rien, ne réagit pas, essaye d'ignorer ces provocateurs idiots. Mais le videur ? Il détourne le regard sans rien faire. Pire encore : les jeunes commencent à pousser l'homme intimidé. Le videur s'approche lentement, avec indifférence, trop lentement pour intervenir. Pascal et Oleg sont comme pértrifiés. Tout à coup, Oleg tire la manche de Pascal : « Vite, il faut l'aider ! En Russe, on dit : rien de bon sans sang. » Pascal hésite et Oleg veut courrir vers les attaquants. C'est fois-ci, c'est Pascal qui tire la manche de son copain : « Tu vas te taire ? Il y a déjà d'autres personnes qui sont des témoins et qui doivent intervenir, pourquoi nous ? » Enfin, le videur se manifeste aussi. Quand il arrive avec un geste menaçante, les rassistes foutent le camp. Pascal : « Vite Oleg, on profite de ce pêle-mêle et on entre au « Arlequin ». Tu sais, notre âge...

D'abord, vous allez travailler sur le texte. Cela va vous aider à arranger les cartes du « mystère ».

A

1. Qu'est-ce qui te choque dans l'histoire ?
2. Qu'est-ce qui semble être pour toi le « mystère »? Le « truc » avec la feinte pour duper le videur, la scène avec l'homme de couleur où le refus de Pascal d'intervenir ? Donne des arguments et justifie ton choix.
3. Juge le comportement des curieux.
4. Mets-toi à la place de Pascal où d'Oleg. Comment est-ce que tu aurais réagi dans cette situation ?

Differenzierungsaufgabe:

5. Si tu veux, écris un article (fictif) sur l'événement pour le « Courrier d'Avignon »

Après l'arrangement des cartes :

A

1. Regarde encore une fois tes réponses. Est-ce que tu donnerais les mêmes réponses maintenant ? Si non, qu'est-ce que tu considères différemment et pourquoi ?
2. Explique le titre « Les yeux grand fermés – c'est la nouvelle réalité ? »

✂---

L

1. Une scène brutale est prévue entre les jeunes gens et l'homme de couleur agressé. Mais ce qui est encore plus frappant, c'est la réaction de Pascal. Il empêche son copain d'aider. Son argument : « Il y a déjà d'autres gens qui sont des témoins et qui doivent intervenir, pouquoi nous ? » Naturellement, les curieux sont eux-mêmes critiquables.

2. Le « truc », c'est sans doute un secret, parce-que les copains font quelque chose qui est illégal et qui peut être puni.
   L'attaque sur l'homme de couleur : ce n'est pas un secret, car c'est une scène réelle qui se joue devant les yeux des passants, montrant du racisme.
   Le refus de Pascal : sans doute un secret. Pascal a peur et rejette sa non-intervention sur les curieux.

3. C'est normal qu'il y ait des curieux dans des situations comme ça, c'est la soif du sensationnalisme : « Ce sont les autres qui doivent arrêter ça ! »

4., 5. Solutions différentes

✂---

Legekarten – Mystery 5 : La disco

1 Non à la violence et au racisme !	**2** Aide seulement ici : faites preuve de courage moral !
3 La France aux Français, étrangers dehors !	**4** Pourquoi moi ? Il y a déjà assez d'autres gens pour faire quelque chose.
5 Oleg : « Pascal, tu es un lâche ! Viens, il faut l'aider ! »	**6** Les jeunes : « on va un peu casser la figure au nègre. »
7 C'est plus confortable de « fermer les yeux » et de détourner le regard que d'agir.	**8** Intervenir peut être dangereux, je ne veux pas recevoir une volée.

7 3, 1, 2, 6, 5, 4, 8, 7 oder umgekehrt

alternativ: 6, 3, 5, 1, 2, 4, 8, 7 oder umgekehrt

5 Mystery 6

Le mystère d'Aicha et de Bouchra :
« Des préjugés – des informations qui ne disent que la vérité !? »

Hinweise für die Lehrkraft 

Inhaltliche Aspekte:
- Vorurteile
- Intoleranz
- Klischeevorstellungen
- Vorverurteilung
- Zivilcourage

Zum Inhalt:
Im Mystery 6 geht es um Vorurteile als „typische Alltagsbegleiter" und Alltagserfahrung. Vorurteile kommen in nahezu ausnahmslos allen Lebenssituationen vor und fokussieren sich häufig auf (vermeintliche) soziale Randgruppen. Dabei handelt es sich um in der Regel erfahrungsunabhängige tradierte Einstellungen gegenüber anderen. Besonders Menschen mit geringem Selbstvertrauen, selbst unfähig zum Vertreten einer eigenen Meinung, lassen sich aus Selbstschutzgründen auf Vorurteile ein. Positive Vorurteile, die durchaus motivierend auf die so bewertete Person einwirken können, sind eher die Ausnahme. Vorschnelle Verurteilungen besitzen fast ausschließlich Diskriminierungscharakter bis hin zum Rassismus.
„Das Vorurteil lässt sich im Bereich der Soziologie, Sozialpsychologie und Psychologie von anderen Einstellungen und Urteilen abgrenzen. Es hat einen **moralischen und normativen Charakter**. Prägendes Merkmal ist die Tatsache, dass es sozial unerwünscht ist; es verstößt gegen die Normen der Mitmenschlichkeit, Gerechtigkeit und Rationalität. Folgende Eigenschaften lassen sich demnach auf ein Vorurteil beziehen:
- Ablehnung,
- fehlende Empathie,
- fehlende Gerechtigkeit,
- vorschnelles Urteilen,
- fehlende Anerkennung von Gegenargumenten,
- fehlender Realitätsgehalt,
- generalisierendes Urteil,
- Klischeecharakter,
- richtende Bewertung,
- fehlerhafte Verallgemeinerung."[8]

Diese Sachinformationen zu Vorurteilen können je nach Stellenwert des Teilthemas fächerverbindend oder im Kontext mit dem Mystery auf Deutsch integriert werden. Die situative Einbettung von Vorurteilen steht zwar im Zentrum des Erlebnisses von Aicha und ihrer Freundin Bouchra, eröffnet jedoch weitere Handlungsoptionen im Hinblick auf Zivilcourage und die als Rahmen dienende belastete Freundschaft der beiden. Der Freundschaftsaspekt als Konfliktpunkt bildet somit den Rahmen des Mysterys mit bewusst gewähltem offenen Ende, in dem Alltagsherausforderungen – Wie viel Konfliktpotenzial verträgt eine Freundschaft?/Was kenn-

8 Quelle der Ausführungen zu Vorteilen: https://www.paradisi.de/leben/vorurteile/ (Zugriff: 30.01.2022)

zeichnet eine echte Freundschaft?, Vorurteile, Zivilcourage – in ihrer Wechselwirkung thematisiert werden.

Hinführung und Einstiegsmöglichkeiten:
Dieses Mystery steht im inhaltlichen Kontext mit dem Mystery 1 (Le souk), Bouchras Diebstahl eines Schals auf dem Souk. Deren „Vergehen“ stellt die Freundschaft von Aicha und Bouchra auf eine harte Probe und dient in diesem Mystery als Einstig in eine Situation, die eine Entscheidung zur Zivilcourage auf der Basis der zuvor angeschlagenen Freundschaft verlangt. Die Bearbeitung dieses Mysterys hängt jedoch nicht zwingend von der Erstellung des Legekontrukts zu Mystery 1 (vgl. Les mystères d'Oleg, d'Elif, de Pascal et d'Aicha) ab. Es genügt, wenn die Lernenden den Sachverhalt vom Diebstahl kennen. Dieser kann einführend von der Lehrkraft bzw. einem Schüler/einer Schülerin vorgetragen oder als Infotext ausgehändigt werden.
Mit der hier erneut wiederaufgegriffenen Vorgeschichte lassen sich alternative bzw. ergänzende Unterrichtsziele verfolgen. Anstelle der Erstellung des Legekonstrukts zum Mystery 6 und der Bearbeitung der Arbeitsaufträge ist es eine reizvolle Aufgabe, mögliche Konfliktaspekte, die sich aus dem Diebstahl ergeben könnten, (ggf. vorbereitende Stillarbeitsphase, Tafelanschrieb) zu sammeln. Im nächsten Unterrichtsschritt wäre ein Lehrer-Schüler-Gespräch zu eigenen Handlungsoptionen in einem Fall wie der von Aicha und Bouchra anzustreben. Wenn es in die „heiße Phase“ geht, kann die Diskussion auch auf Deutsch weitergeführt werden.

Möglichkeiten zur Vertiefung und Binnendifferenzierung:
Dieser Vorlauf zum Mystery eröffnet Möglichkeiten der Binnendifferenzierung mit der Zielsetzung, allen Lernenden etwas bzgl. der Handlungsorientierung in ähnlichen Situationen mitzugeben. Die Klasse wird in Kleingruppen zu 3–4 Schülerinnen und Schülern nach dem jeweiligen sprachlichen Niveau aufgeteilt: schwächere Lernende, die Probleme haben, eigenständig Sätze zu formulieren, und solche, die sich schon gut artikulieren können. Sofern auch mehrere Schülerinnen und Schüler der Lerngruppe einen Migrationshintergrund, also Deutsch nicht als Muttersprache haben, kann es durchaus sinnvoll sein, mit ihnen in einer separaten Gruppe die Aufgabe auf Deutsch anzugehen. Entscheidend bei jeder Art der Binnendifferenzierung ist, den Lernenden nicht das Gefühl zu geben, dass sie leistungsmäßig schwächer sind, nur weil sie zunächst eine leichtere Aufgabe bekommen. Diese Gefahr lässt sich umschiffen, indem jeweils ein guter Schüler/eine gute Schülerin die Funktion eines Moderators/einer Moderatorin der Gruppe übernimmt. Das Ziel dieser Form der Binnendifferenzierung ist sowohl die individuelle Förderung als auch allen Lernenden für den weiteren Unterrichtsgang dieselbe inhaltliche Basis zu verschaffen.

(Querverweis: vgl. Mysterys 1–4: Les mystères d'Oleg, d'Elif, de Pascal et d'Aicha)

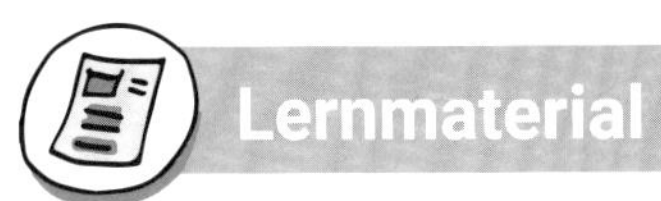

Lernmaterial

Lesetext – Le mystère d'Aicha et de Bouchra :
« Des préjugés – des informations qui ne disent que la vérité !? »

Voilà ce qui est de l'amitié devenue difficile entre Aicha et son amie Bouchra, qui avait volé un foulard au souk. Après ses vacances au Maroc, Aicha s'est expliquée avec Bouchra qui a reconnu qu'elle avait fait une grande bêtise au souk. Elle attendait de la part d'Aicha une preuve qu'elle gardait le secret pour elle. Pour cela, elles avaient eu beaucoup de discussions agitées par Skype. Maintenant, les deux se comprennent aussi bien qu'avant et pendant ses vavances marocaines, Bouchra va voir Aicha à Avignon. Les deux copines veulent faire du shopping ensemble pour fêter l'amitié retrouvée. Mais ce qui va suivre sera peut-être une nouvelle épreuve pour leur relation.

L'après-midi, elles se mettent en marche. Juste avant qu'elle entrent dans une jolie petite boutique de mode pour essayer des jeans une jeune fille élégante, évidemment une Turque où une musulmane – elle porte une voile traditionelle – y entre aussi. Bouchhra et Aicha lui cèdent la place, pourquoi pas, d'ailleurs, c'est de la politesse ! Normalement, ce serait le tour de la jeune fille, mais la vendeuse l'ignore. Elle la regarde de façon désobligeante et se tourne vers Aicha et Bouchra. Il y a aussi deux clientes grassouillettes, entre deux âges, dans la boutique. Elles interrompent leur vive discussion sur la robe de dessins de la taille 38 et dévisagent la dame voilée d'un regard aussi désobligeant que la vendeuse. Aicha entend dire ce que l'une des deux chuchotte à sa compagne : « Regarde, une islamiste. C'est un de ces mangeurs d'ail. Elle pu certainement ! » L'autre lui fait un signe de tête. Bouchra est en colère. Elle s'avance vers les clientes pour leur demander une explication. Mais Aicha la retient : « Attends, laisse-les parler, ça ne nous regarde pas. Essayons des jeans. » À ce moment-là, la vendeuse leur demande : « Mesdames, qu'est-ce que souhaitez ? Je suis à votre disposition. » Bouchra lui répond : « Mais c'est le tour de la dame là-bas » et montre la musulmane.

Et Aicha : « Nous cherchons des jeans Levi's, taille 38 ou 40. » Mainterant, Bouchra en a assez, elle dit à la cliente avec le voile : « C'est plus qu'impertinent, le comportement de la vendeuse et le radotage des deux vielles femmes. Venez, c'est votre tour. » La musulmane la regarde d'une manière reconnaissante et dit « Merci pour votre sympathie. » Puis, elle quitte le magasin, la tête haute. Bouchra crie à Aicha : « Je t'attends dehors » et crie après les dames « Faites attention à ce que vous dites et puis, vous feriez mieux de manger plus d'ail. Ça amincit ! » Ensuite, elle suit la jeune fille voilée. Ce qui va se passer à nouveau entre Bouchra et Aicha pourrait devenir un conflit de plus pour leur amitié. Mais les deux amies ont déjà de bonnes experiences …

D'abord, vous allez travailler sur le texte. Cela va vous aider à arranger les cartes du « mystère ».

A

1. Qu'est-ce qui te choque dans l'histoire ?
2. Qu'est-ce qui semble être pour toi le « mystère »? Le comportement de la vendeuse et des deux dames ou bien, le nouveau conflit prévisible entre Bouchra et Aicha. Donne des arguments et justifie ton choix.
3. Juge le comportement des deux dames entre deux âges.
4. Mets-toi à la place d'Aicha et de Bouchra. Comment est-ce que tu aurais réagi dans cette situation ?

Differenzierungsaufgabe:

5. Si tu veux, écris un email sur cet événement à une copine / un copain.

Après l'arrangement des cartes :

A

1. Regarde encore une fois tes réponse. Est-ce que tu donnerais les mêmes réponses maintenant ? Si non, qu'est ce que tu jugerais autrement et pourquoi ?
2. Explique le titre : « Des préjugés – des informations qui ne disent que la vérité !? »

✂- - - - - - - - - - - - - - - - - - - -

L

1. Comment est-ce possible qu' au 21ème siècle il y a tant de personnes d'ignorantes : d'abord la vendeuse qui ignore la dame voilée, puis les préjugés des dames qui la qualifient même « d'islamiste ». Mais c'est aussi le comportement d'Aicha qui frappe.

2. Ni le comportement de la vendeuse, ni les préjugés des dames sont des mystères, parce que cela se passe « publiquement ». C'est plutôt la réaction inattendue d'Aicha qui surprend. Elle a des parents qui sont des migrants, mais elle n'intervient pas. C'est presqu' un affront à ses propres parents, un secret caché.

3. Qualifier la musulmane « d'islamiste » est une faute impardonnable qui montre que les dames entre deux âges sont stupides et hors de la réalité. En plus, ces dernières, grassouillettes, s'imaginent avoir la taille 38 ... Bref, ce qu'elles se permettent est inacceptable et incompréhensible.

4., 5. Solutions différentes

✂- - - - - - - - - - - - - - - - - - - -

Après l'arrangement des cartes :

A

1. Regarde encore une fois tes réponses. Est-ce que tu donnerais les mêmes réponses maintenant ? Si non, qu'est ce tu jugerais autrement et pourquoi ?
2. Explique le titre : « Des préjugés – des informations qui ne disent que la vérité !? »

Legekarten – Mystère 6 : Des préjugés « Arlequin »

1 Un(e) musulman(e) ne peut pas être logé(e) à la même enseigne qu'un(e) islamiste ; ce sont deux paires de chaussures complètement différentes !	**2** La réalité : souvent, des personnes qui ont, elles-mêmes, un cadavre dans le placard (les dames grassouillettes, par exemple), critiquent sans réfléchir.
3 Non aux préjugés !	**4** Aicha est presque au même niveau que les deux dames et très renfermée.
5 La jeune musulmane est ferme, elle se tient au-dessus des choses.	**6** Comme il y a certainement des « moutons noirs » dans la société, des préjugés peuvent se manifester.
7 C'est plus confortable de « fermer les yeux » et de détourner le regard que d'agir.	**8** Bouchra a de la sympathie et voit le danger dans la situation.

L 3, 1, 6, 5, 2, 4, 7, 8 oder umgekehrt alternativ: 7, 8, 4, 5, 1, 6, 3, 2 oder umgekehrt

6 Mystery 7

Le mystère d'Elif et de Pascal : « Le harcèlement – le malfaiteur comme victime et la victime comme malfaiteur !? »

Hinweise für die Lehrkraft 

Inhaltliche Aspekte:
- Mobbing
- Zivilcourage
- Nomophobie

Zum Inhalt:
In diesem Mystery wird ein sehr sensibles Unterthema zur Diskriminierung und Ausgrenzung angesprochen. Bevor die Lerngruppe mit dem Sachverhalt der Geschichte konfrontiert wird, sollte sichergestellt sein, dass es unter den Lernenden keine Fälle von Mobbing gibt. Andernfalls könnten Betroffene, die bislang nicht darüber reden mochten, erst recht in den Fokus von Mobbern geraten, denn ihnen könnte unterstellt werden, sie hätten das Mobbing gemeldet.

Im Gegensatz zu offen gezeigter Gewalt, verbal oder körperlich, bei denen häufig Zeugen (ungewollt) zugegen sind, spielt sich Mobbing zwar ebenfalls häufig vor Zeugen ab, diese sind in vielen Fällen aber selbst Teil der Mobbergruppe. Obwohl sie in der betreffenden Situation nicht aktiv werden, sind sie indirekt beteiligt und können es sich nicht leisten, den Mobbern „Gegenwind" zu bieten. Ein solches Verhalten würde für sie den Ausschluss aus einer Gruppe, die ihnen vermeintliche Stärke verleiht, bedeuten – im schlimmsten Falle mit Mobbing gegen sie selbst.

Hauptsächlich wird jedoch im Verborgenen gemobbt, wobei die Täter im Hintergrund sind und sich hinter der Anonymität verstecken können. Nachweislich ist es aus psychologischer Sicht leichter, einem Mitmenschen Schaden zuzufügen, wenn man ihm dabei nicht in die Augen schauen muss.

Welche Formen von Mobbing sind denkbar? Z. B.: die (unbeobachtete) Zerstörung privater Gegenstände, Verbreitung von Gerüchten wie exemplarisch im Mystery, bewusstes Vorenthalten von Informationen, Ausgrenzung von gemeinsamen Veranstaltungen, Bloßstellung durch „Tuschelgruppen", die sich formieren, sobald das Mobbingopfer auftaucht, peinliche per Smartphone verbreitete Posts und Videos. Besonders perfide ist das Cybermobbing, denn „das Internet vergisst nichts" und die Urheber haben ausgeklügelte Techniken entwickelt, um unentdeckt zu bleiben. Die Folge, so auch im Mystery, ist die ständige Angst, dass sich das Smartphone meldet und eine erneute Attacke anzeigt. Wenn sich diese Angst verselbstständigt und zu einem „roten Faden" im Schul-/Berufs- und Privatleben wird, so wie bei Emilie im Mystery, ist es nur noch eine Frage der Zeit, wann psychische und physische Störungen auftreten, die bis hin zum Suizid führen können.

Hinführung:
Hier könnten die Schülerinnen und Schüler auf Deutsch von eigenen Beobachtungen zu Mobbing bzw. über ihre (eigenen) Erfahrungen sowie Vorkenntnisse zum Thema „Das Internet vergisst nichts" berichten.

Einstiegsmöglichkeiten:
Als inhaltliche Vorbereitung kann in Erwägung gezogen werden, gemeinsam einen Film der ARD-Mediathek aus der Reihe „Respekt – Wir leben in Deutschland zwar in einer Demokratie, aber verhalten wir uns immer demokratisch?" zu schauen. Der Film informiert u. a. auch über Formen der Gewalt gegenüber Mitmenschen. Oft kommen Respekt und Toleranz im Alltag zu kurz. Was können wir tun gegen Vorurteile gegenüber sogenannten „Randgruppen"? (zum Einstieg oder als zusammenfassender Abschluss).

Erweiterungs- und Vertiefungsmöglichkeiten:
Als „Blick über den Tellerrand" bietet es sich an, im Zusammenhang mit den durch die (exzessive) Nutzung von Handys verbundenen Möglichkeiten zum Mobbing auch auf Nomophobie einzugehen, der krankhaften (Trennungs-)Angst, ohne Mobiltelefon von allen sozialen und gesellschaftlichen Kontakten abgeschnitten zu sein. Darüber hinaus gehören weitere Folgen (sich reduzierende Sozialkontakte, physische und psychische Gesundheit, Identifikation mit falschen Idealen) zu diesem Problemkreis.[9]
In diesem Mystery kommt eine weitere Komponente von „Anderssein, Fremdsein" hinzu, obwohl es sich nicht um ein klassisches Stigmatisierungsmerkmal im Kontext von Migration handelt, denn Emilie hat keinen Migrationshintergrund. Dennoch macht sie ähnlich schlimme Erfahrungen mit „Anderssein", nämlich einer sozialen Ausprägungsform. Dieser Sachverhalt sollte den Lernenden in einem Unterrichtsgespräch vermittelt werden. Er geht über den ohnehin sehr medienpräsenten „Ausländerhass" hinaus und hat vermutlich noch einen höheren Alltagsbezug für Jugendliche. Das Verhalten von Elif und Pascal soll Mut machen, Zivilcourage ohne Gefahr für das eigene Leben zu zeigen. In ihrem Mystery wird somit ein reproduzierbares Beispiel für Handlungsorientierung vorgestellt. Es zeigt auch, dass positives Handeln für beide Seiten – Emilie, Elif, Pascal – Erfolgserlebnisse verspricht. Eine weitere Komponente, die das Mystery kennzeichnet, ist der humoristische Ausgang der Geschichte, bei dem die Mobberinnen „ihrer gerechten Strafe zugeführt werden" und dabei selbst Erfahrungen mit Lerneffekt machen.

9 Details zum Thema in: Unterrichtsgestaltung: Konsum und Mediennutzung – Chancen und Risiken im Schulalltag nutzen. Dr. Josef Raabe Verl.-GmbH, Stuttgart 2020, S. 6 ff.

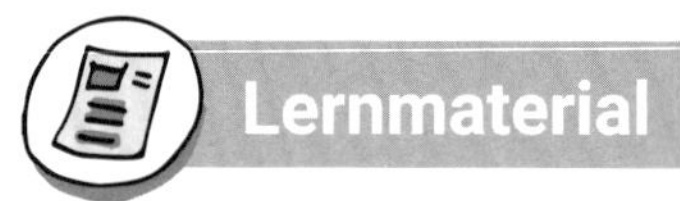

Lernmaterial

Lesetext – Le mystère d'Elif et de Pascal :
« Le harcèlement – le malfaiteur comme victime et la victime comme malfaiteur !? »

Pendant la récréation au Lycée Louis Pasteur à Avignon : Elif et Pascal discutent encore vivement du cours de maths, lorsqu'ils ils voient une fille de leur âge, un peu perdue. « Regarde là-bas, la fille dans le coin, qui est-ce ? » demande Elif. Pascal hausse les épaules : « Peut-être la nouvelle. J'ai entendu dire qu'il y a cette année une fille un peu bizarre dans la classe d'Oleg. Et alors, elle ne m'intéresse pas, une minette, pas à mon goût. » Elif le bouscoule et dit : « Macho ! » Quelques jour plus tard, l'élève de la classe d'Oleg se fait remarquer par Elif parce qu'elle se frotte les yeux et reste dans « son coin ». Est-ce qu'elle pleure ? Elif se rapproche d'elle et lui demande : « Et alors, qu'est-ce qu'il y a ? Tu as des problèmes ? D'ailleurs, je suis Elif de ta classe parallèle. Tu t'appelles comment ? » « Émilie, non, non, pas de problèmes. Ce n'est que mon rhume. » Elif la regarde et dit : « Permets-moi d'en douter. Tu te tiens toujours à l'écart. » Au même moment, le portable d'Elif sonne. Mais qu'est-ce que c'est ? Émilie tréssaillit. Maintenant, Elif en a assez et propose à Émilie de l'accompagner : « Viens, on va dans le réfectoire, boire un café et parler … » Émilie regarde autour d'elle craintivement et suit Elif au réfectoire.

Juste après s'être assises, la mélodie du portable d'Emilie se met à sonner. Elle tressallit de nouveau et ouvre l'é-mail avec des mains tremblantes. Après avoir lu le message, elle cache vite le portable dans son sac à dos. Immédiatement, Elif comprend qu'il y a un rapport entre le comportement étrange d'Émilie et ce message. Finalement, Émilie lui montre le message : « Retourne dans ton jardin, épouvantail. Ici, il n'y a pas de place pour des filles comme toi. » « Tu es harcelée, parce que tu ne portes pas de vêtement à la mode ? » « Non, pas du tout. Il y a, évidemment, des élèves dans ma classe qui racontent que mon père était en prison et que ma mère boit. Ça serait la raison pour laquelle on n'aurait pas beaucoup d'argent et nous ne pourrions acheter que des vêtements d'occasion. Mais ce n'est par vrai, mon père n'a jamais été un criminel. Il est au chômage. L'usine où il a travaillé comme ingénieur a fait faillite et son chef n'a pas payé des salaires depuis trois mois. Malheureusement, Nadine de ma classe a vu ma mère au supermarché quand elle a acheté une bouteille de cognac, un cadeau d'anniversaire pour mon oncle. Après ça, Nadine a fait courir la rumeur dans sa bande que maman est alcoolique. » « Terrible », dit Elif, si tu veux, je vais t'aider et on peut certainement convaincre Pascal de nous épauler. Il est spécialiste en ce qui concerne le numérique et sait retrouver les expediteurs de mails. Je vais tout de suite l'en informer.

Mais d'abord, répond au dernier message que tu as reçu : C'est une bonne idée avec le retour dans le jardin. Je t'invite à m'accompager. Mes parents sont très hospitaliers et ils aimeraient bien faire ta connaissance. Viens, on retourne en classe et je vais t'escorter dans ta classe où je t'embrasserai devant les yeux de tout le monde.» Aussitôt dit, aussitôt fait. Après lui avoir donné son portable Pascal a pu démasquer les expéditeurs de l'e-mail d'Émilie. Et maintenant, la vengeance des trois nouveaux amis : pendant l'interrogation de maths, Pascal envoie le message suivant à Nadine, Sylvie et Suzanne, les filles qui avaient maltraité Émilie avec des insultes : « Une minute, je vais chercher sur internet la solution du problème de maths. » La suite logique : la prof, Mme Sévère, entend sonner les portables des trois harceleuses. Naturellement, elle les oblige à montrer le message. Dans le cas contraire, elle informerait leurs parents. Puis, ella a ramassé les interrogations de Nadine, Sylvie et Suzanne.

Résultat : zéro points à l'interro et recalées en maths. Toute la classe a ricané. Les trois filles ont rougi sans pouvoir éclaicir le malentendu provoqué. Après le cours, Elif, Pascal et Emilie attendent les harceleuses pour dissiper « le malentendu ». Pas de danger que les « victimes » les dénoncent auprès de Mme Sévère. Si oui, elles auraient dû avouer qu'elles avaient harcelé Émilie. Depuis ce jour-là, il n' y avait plus eu de messages aggressifs sur le portable d'Émilie. Elif, Pascal et Emilie on fait comprendre aux harceleuses ce que signifie d'être une victime innocente.

D'abord, vous allez travailler sur le texte. Cela va vous aider à arranger les cartes du « mystère ».

A

1. Qu'est-ce qui caractérise un harcèlement ? Le texte vous donne des indices.
2. Explique pourquoi l'envoi de mails à Nadine, à Sylvie et à Suzanne pendant l'interrogation de maths est une bonne tactique.
3. Compare la réaction « macho » de Pascal au début avec ce qu'il a finallement fait pour aider Émilie .
4. « Il y a deux victimes. » Est-ce que tu es d'accord avec cette déclaration ? Donne des arguments pour ou contre.
5. Comment est-ce que tu aurais réagi dans une situation similaire où l'un de tes copains où l'une de tes copines serait harcelé(e)?

✂--

L

1. C'est typique pour un harceleur de faire parti d'une bande. Les membres trouvent quelque chose qui semble être en dehors des normes sociales – parfois cela représente leur norme sociale. Ici, ce sont les vêtements d'occasion d'Émilie qui sont le point de départ. Rapidement, des rumeurs s'accumulent autour de la victime pour accentuer sa différence. Ici, il s'agit du chômage du père et de l'alcoolisme présumé de sa mère. Tout est exagéré et le but est de dégrader publiquement la victime. Par conséquent, la personne harcelée devient une exclue. Ses ami(e)s ne lui adressent plus la parole par peur d'être eux-mêmes / elles-mêmes exclu(e)s.

2. Les e-mails pendant l'interro sont un coup habile, parce qu'ils ridiculisent les harceleurs devant toute la classe. Il est évident que la bande ne peut pas expliquer à la prof de maths les raisons pour la vengeance.

3. D'abord, Pascal semble être aussi l'un des ces personnes superficielles qui ne jugent les filles que par leur extérieur. À la fin, il se révèle être un véritable ami.

4. Il y a réellement deux victimes : d'abord Émilie, comme « la première victime » et finallement, les harceleuses, elles-mêmes, comme « victimes secondaires », suite à la ruse d'Elif, Emilie et Pascal. Comme ça, la bande a été ridiculisée à ses dépens devant toute la classe.

5. Solutions différentes

✂--

Legekarten – Mystère 7 : Le harcèlement

1 Bien que les harceleurs normalement ne blessent pas leur victime corporellement, c'est quand même une blessure psychologique.	**2** Pour aider la victime d'un harcèlement, il faut beaucoup de confiance en soi.
3 Les harceleurs abusent des points faibles de leur victime.	**4** Pour les victimes d'harcèlement, il est important de se chercher des allié(e)s.
5 Les faibles, ce sont les harceleurs eux-mêmes.	**6** La fatalité : des harcèlements peuvent être diffusés anonymement.
7 À cause de l'harcèlement, la victime devient timide et se retire dans « un espace protégé »	**8** Ça vaut la peine de trouver une stratégie pour ridiculiser les harceleurs en public.

7 6, 3, 1, 7, 4, 2, 8, 5 oder umgekehrt
alternativ: 1, 3, 6, 7, 4, 2, 5, 8 oder umgekehrt

7 Mystery 8

Le mystère d'Elif et d'Oleg : « Quand il y a assez de nourriture qui n'est pas assez »

Hinweise für die Lehrkraft 

Inhaltliche Aspekte:
- finanzielle Probleme
- Sprachdefizite
- Arbeitslosigkeit bei Migrantinnen und Migranten
- Lebensmittelverschwendung
- Solidarität für Menschen mit Migrationshintergrund

Zum Inhalt:
Das Mystery beginnt mit der Schilderung eines nicht nur für Frankreich typischen Migrantenschicksals. Bevor die Lernenden das komplette Mystery ausgehändigt bekommen, erhalten sie zunächst nur den oberen Textabschnitt dazu. Die familiäre Lebenssituation von Faruk folgt mit Absicht Klischeevorstellungen wie Arbeitslosigkeit oder drohender politischer Verfolgung im Heimatland und somit dem Druck ins Ausland zu gehen, wo neue Schwierigkeiten bei Wohnungs- und Arbeitssuche oder Sprachprobleme in der Schule hinzukommen. Der Allgemeincharakter steht exemplarisch und bietet viele Möglichkeiten der Individualisierung und Identifikation.

Hinführung:
Hier ist es sinnvoll, zunächst einmal eigene Erfahrungen sowie Vorkenntnisse der Lernenden zum Thema Migranten(schicksal) als „Brainstorming" abzurufen.
Dieser progressive Unterrichtsschritt wird der Unterstützung durch die Muttersprache bedürfen, ist jedoch ein wichtiger Schritt im Hinblick auf die Zielsetzung des Mysterys vor dem Hintergrund des Rahmenthemas. Bevor das Hauptthema des Mysterys, die im Titel versteckt angesprochene Lebensmittelverschwendung, zur Sprache kommt, gibt es Handlungsoptionen zur Solidarität mit Menschen mit ausländischen Wurzeln. Die Mutter von Elif hat aufgrund ihrer beruflichen Stellung die Möglichkeit, der Familie von Faruk zu helfen.

Im nächsten Unterrichtsschritt lernen die Schülerinnen und Schüler nun die eigentliche Geschichte kennen. Das dabei zu erwartende „Aha-Erlebnis" wird einen motivierenden Charakter haben, denn das in sich abgeschlossene Thema zu Faruks Familie wird nicht vertieft, sondern leitet zum Alltagsphänomen Lebensmittelverschwendung über und wird mit diesem verknüpft. Die Konzentration und das Interesse der Lernenden werden damit auf ein neues „Projekt" fokussiert, für das sie zudem am Ende der Geschichte handlungsorientierte Beteiligungs- und Lösungsansätze erhalten. Obwohl hier der „mahnende Zeigfinger" im Hintergrund steht, wird keine Lernerin/kein Lerner bloßgestellt, die/der vielleicht selbst schon einmal noch genießbare Lebensmittel weggeworfen hat, denn die Frage danach sollte nicht von der Lehrkraft kommen. Das „Outing" von Lernenden als Selbstkritik ergibt sich erfahrungsgemäß manchmal von selbst, und wenn es nach dem Unterricht im Pausenhof ist.

Einstiegsmöglichkeiten:
Die inhaltliche Gestaltung des Mysterys auf der Basis eines charakteristischen Migrantenschicksals kann als Einstieg genutzt werden, denn hier haben die Lernenden die Möglichkeit,

Klischees kritisch zu reflektieren und weitere Integrationsprobleme aus ihrem Erfahrungskreis zu nennen. Dieser Unterrichtsschritt sollte auf Französisch zu leisten sein. Dazu werden die Vorschläge (an der Tafel) festgehalten und gekennzeichnet mit einem Pfeil potenzielle Folgen für das Leben in der „Gastgesellschaft" zusammengestellt. Zu erwarten wären „Ablehnung", „Anders-/Fremdsein", „Vorurteile", „Rassismus", „Ausgrenzung", „Gettoisierung", „Isolation" u. Ä.

Erweiterungs- und Vertiefungsmöglichkeiten:
Hier öffnet sich eine zusätzliche Möglichkeit der inhaltlichen Vertiefung bzw. für ein Anschlussthema, das nicht direkt etwas mit dem Rahmen des Mysterybandes zu tun hat, jedoch im Hintergrund eine entscheidende Rolle spielt: die fortschreitende Verschwendung von Lebensmitteln in „Überflussgesellschaften", so auch in Frankreich und Deutschland. Während es in Frankreich dazu eine gesetzliche Regelung gibt, steckt diese in Deutschland noch in den Anfängen.[10]

Im Zusammenhang mit Lebensmittelverlusten in Deutschland wurde ein „mobiles Tortendiagramm" entwickelt, mit dem sich – unabhängig vom statistisch relevanten Sachverhalt – die jeweils aktuellen Daten dazu auf einem Kreis aus Holz oder Zeichenkarton mit den entsprechend markierten Kreissegmenten als Tortendiagramm veranschaulichen lassen.[11] Diese Technik ist entsprechend modifiziert und kann auch an die sich jeweils ändernden Daten zu beispielsweise der Herkunft von Migrantinnen und Migranten in Frankreich angepasst werden. Das ist eine mögliche Schüleraktivität, die sowohl eigene Recherchen verlangt als auch die Modellkompetenz entsprechend der Kompetenzvorgaben schult.

Anmerkung: Die (ausführliche) Musterlösung zur Aufgabe 1 ist für eine weitere Textarbeit auf Französisch geeignet. So können z. B. in Arbeitsaufträgen die Lebensbedingungen der traditionell lebenden algerischen Familie sowie die Ursachen der (vorübergehenden) Notlage in Avignon anhand der Textinformationen auf Französisch beschrieben bzw. erläutert werden. Zudem wäre eine (Internet-)Recherche auf Deutsch zu den Lebensbedingungen von Migrantinnen und Migranten aus den Maghreb-Staaten in Frankreich ein sachorientierter Beitrag zur Migration und Landeskunde.

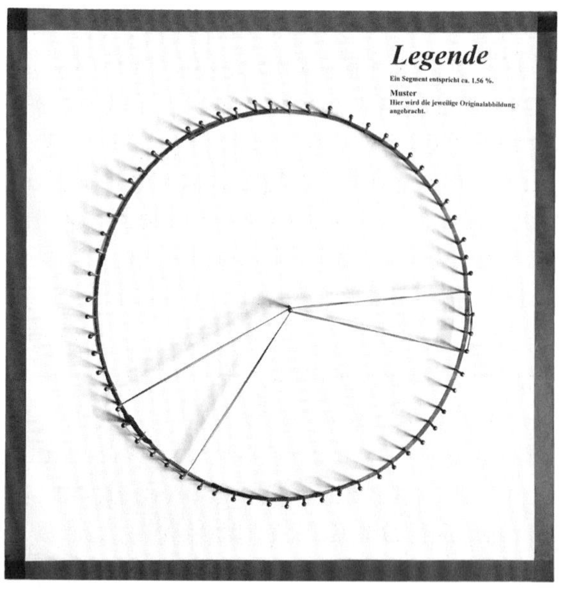

10 Details zur Lebensmittelverschwendung in Frankreich vgl. z. B. https://www.cec-zev.eu/de/themen/umwelt/lebensmittelverschwendung-in-frankreich/ (Zugriff: 30.01.2022)

11 vgl. Högermann, C.: „Mobiles" Tortendiagramm zur Ressourcenver(sch)wendung. In: Biologie in unserer Zeit 2/2021, S. 128 f.

Lernmaterial

Lesetext – Le mystère d'Elif et d'Oleg : « Quand il y a assez de nourriture qui n'est pas assez »

Après l'interro d'histoire, Elif et Oleg sont épuisés, quittent la classe et se mettent sur un banc dans la cour de récréation. « Bof, ça suffit pour aujourd'hui » dit Elif. Tout à coup, Oleg la bouscule : « Regarde là-bas le petit garçon près de la poubelle. Il vient de prendre un sandwich entamé. Je pense que je deviens fou, il le mange. » Elif est aussi choquée qu'Oleg et dit : « Il doit avoir vraiment faim et surtout, c'est dangereux. Peut-être que le sandwich n'est plus bon. Viens, on va lui parler doucement. » Quand le petit garçon voit arriver Elif et Oleg, il cache vite le sandwich derrière son dos et les regarde timidement. « Pas volé, dans la poubelle. » Elif lui met la main sur l'épaule : « Ne t'inquiète pas. On ne te veut rien. N'est-ce pas un peu dangereux de manger des choses de la poubelle ? C'est sale. Comment tu t'appelles ? Moi, je suis Elif et lui, c'est Oleg. » « Faruk. » « Mais tu n'es pas un élève du lycée ? » demande Oleg. « Non, pas d'école, pas bon français, nous de l'Algérie, papa perdre travail, faim, pas manger. » Pendant que Faruk parle en mauvais français, Oleg regarde dans la poubelle : un deuxième choc ! Il y voit encore une pomme avec une tache brune, des chips dans un sac à moitié plein et un morceau de pizza, quel gaspillage ! Elif et Oleg sont embarassés, que faire ? Oleg : « Qu'est-ce qu'on fait ? » Elif lui répond : « D'abord, on lui achète quelque chose à manger dans la cantine. Puis, je vais l'accompagener chez sa famille. Je me crois capable de parler avec ses parents et je suis sûre que je peux les aider. Tu sais, ma mère travaille au bureau d'aide social. » Elif et Oleg prennent Faruk par les mains et vont avec lui dans la cantine. Pendant que Faruk mange avec appétit, Elif téléphone à sa mère et l'assure qu'elle va s'occuper de la familllе algérienne. Promesse tenue : Après avoir rempli beaucoup de formulaires la famille de Farik a reçu une allocation temporaire.

Le problème numéro un est résolu. Mais il y en a encore un deuxième. Sans compter la mauvaise situation sociale de Faruk et sa famille immigrée, Elif et Oleg s'offusquent du gaspillage alimentaire : « Tu sais quoi ? Le gaspillage alimentaire, ça ne va pas du tout. » dit Oleg. « Il faut agir. Mon cousin travaille pour une organisation qui lutte contre le gaspillage. Je vais le contacter. Une idée : nous organisons un projet pour sauver des aliments dont on n'a plus besoin et ceux qui sont peut-être jetés dans la poubelle dans les supermarchés à cause d'un petit défaut. Sans compter les dépenses pour le traitement des déchets » Elif fronce les sourcils et Oleg est bien étonné qu'Elif ne soit pas aussi résolue que lui. « Est-ce vraiment nécessaire de lutter contre le gaspillage alimentaire ? Je crois que non. L'industrie alimentaire produit assez et il ya toujours des ressources qui se reproduisent, les plantes, les animaux. Si je trouve que quelque chose de mon repas n'est pas bon, je le laisse sur l'assiette. Parfois, mon petit frère la prend – il a toujours grand faim – ou la poubelle s'en charge. » Oleg est confus, des paroles comme ça de la part d'Elif ? « Tu es égoiste ! » Oleg riposte : « Tu viens juste de rencontrer une personne qui meurt presque de faim. Pense, par exemple, aux enfants des pays du tiers monde. Là, beaucoup de gens souffrent de famine. Maintenant, Elif se met à réfléchir : « Oui, tu as raison. Ce n'est pas bien ce que j'ai dit ni ce que j'ai fait. Alors, je te suis, je participe à ton projet contre le gaspilllage alimentaire. »

Elif et Oleg en parlent à leurs copains. Tout le monde est enthousiaste. D'abord, Pascal écrit un article pour le journal des élèves « Echo Louis Pasteur », titre « La quantité des aliments n'est pas le problème, mais la distribution ». Deux semaines plus tard, un groupe d'élèves, « Les héros verts » font une collecte d'aliments dans leurs familles et dans les supermarchés. Puis, ils donnent les aliments à un centre d'acceuil pour sans-abri.

D'abord, vous allez travailler sur le texte. Cela va vous aider à arranger les cartes du « mystère ».

A

1. Écris une biographie fictive de Faruk à l'aide des infomations du texte. Ajoute des détails qui te semblent être réalistes.
2. Qu'est-ce que tu penses, pourquoi est-ce qu'Oleg est perplexe vis-à-vis de la réaction négative d'Elif.
3. Explique la phrase « La quantité des aliments n'est pas le problème, mais la distribution. »
4. Fais des propositions pour économiser des aliments et pour lutter contre leur gaspillage.
   Pour toute la classe : Mettez tous les propos sur une affiche et présentez-la dans votre école.
5. Fais une recherche pour voir s'il y a des organisations contre le gaspillage alimentaire dans ta ville. Super, si tu y participerais.
   À propos : En France il y a une loi contre le gaspillage alimentaire. Elle s'appelle la « Loi Garot » et tu peux facilement la trouver sur internet.

L

1. Faruk a sept ans. Il est né à Alger, en Algérie. Sa soeur, Rana, a deux ans de plus et son frère Djamal a 6 ans. Dans la famille, il y a encore une grand-mère et les parents, naturellement. Le père travaille dans l'industrie automobile et sa mère fait le ménage. Elle aimerait bien gagner aussi un peu d'argent pour la grande famille. Mais cela ne va pas, parce qu'il faut s'occuper des enfants. Donc, la famille n'a pas beaucoup d'argent. Pour la vie quotidienne, chaque pièce compte. Le cinéma, piscine, une glace sont des exceptions. En plus, en Algérie les salaires ne sont pas élevés. Parfois, la grand-mère donne un peu d'argent aux enfants en cachette. Au printemps dernier, la catastrophe : L'usine où le père travaille a dû fermer, plus de commandes. La famille ne savait plus que faire. Après beaucoup de discussions, on décide d'immigrer en France. Les enfants ne sont pas du tout enthousiastes au projet. Ils vont perdre leurs copains, une autre école les attendra et il faudra apprendre une langue étrangère, beaucoup de problèmes, pas seulement pour Faruk, mais aussi pour Rana et Djamal. Cela pèse sur toute la famille. Mais leur tradition les oblige à tout faire pour le bien de la famille. Heureusement un frère du père a une petite imprimerie à Avignon. Il va les aider à y prendre pied. Après avoir accompli les formalités, c'est le déménagement en France pendant l'été. La grand-mère reste à Alger. Maintenant, elle habite chez sa deuxième fille. Au début, l'oncle en France a trouvé un petit appartement dans un H.L.M. L'autre problème est de trouver un nouveau travail pour le père. C'est beaucoup plus difficile. Il trouve un boulot de concierge avec un salaire de famine et le prend jusqu'à ce qu'il ait une occupation régulière mieux payée. Alors, voilà la biographie de Faruk qui explique pourquoi il a pris un sandwich dans la poubelle.

2. Oleg s'étonne, parcqu'il ne pouvait pas comprendre pourquoi Elif, une copine qu'il sait déterminée, courageuse et même combative réagit comme ça. Elle vient d'une famille qui a certainement eu des problèmes similaires à la famille algérienne quand elle est arrivée en France.

3. Ça veut dire que suffisamment d'aliments sont produits pour nourrir les gens dans le monde entier, mais que la distrbution dans les pays « riches » et dans les pays « pauvres », par exemple, le tiers monde, n'est pas équitable. Les uns vivent en abondance, les autres souffrent de famine.

4. Des idées :
   - Achète seulement des aliments dont tu as vraiment besoin.
   - Ne prends pas d'offres spéciales inutiles, par exemple, deux kilos de bananes qui sont moins chers alors qu'un kilo te suffirait.
   - Soirée créative avec des recettes originales s'il y a des restes après un repas.
   - Fais attention à l'emballage et à la fraîcheur des aliments.
   - Ne mets pas de fruits dans la poubelle parce qu'ils ont une petite tache ou des « rides ».
   - N'oublie pas d'aliments dans le frigo.
   - Participe aux actions des « Foodsaver et Foodsharer »
   - Sois courageux et adresse-toi poliment à une personne qui gaspille des choses encore consommables
   - Ne joue pas aves les aliments.
   - Considère les aliments comme des ressources naturelles précieuses.

Et ...
Si tu suis ces conseils, tu peux épargner beaucoup d'argent (de poche).

5. Des solutions différentes

Legekarten – Mystère 8 : Le gaspillage alimentaire

1 Mais c'est normale qu'on gaspille des aliments qu'on ne veut ou ne peut plus manger. Il y en a assez pour tout le monde.

2 Un système économique, prévoyant et novateur, est un bon moyen contre le gaspillage.

3 Pour éviter le gaspillage alimentaire, il faut donner l'exemple et convaincre ses compagnons.

4 Surtout des migrants courent le risque de souffrir de la famine.

5 Ce n'est pas une tare de contacter les institutions d'aide sociale quand on n'a pas d'argent pour acheter des aliments.

6 Participez à des offres des « Foodsharer et Foodsaver ».

7 Le gaspillage alimentaire est aussi une attaque à la durabilité et un signe d'impatience.

8 Si on connaît par exemple une famille ou la nourriture est rare, on peut lui parler en aparté et lui proposer de l'aider.

1, 7, 2, 3, 6, 5, 4, 8 oder umgekehrt alternativ: 7, 1, 3, 2, 6, 4, 5, 8 oder umgekehrt

8 Mystery 9

Le mystère d'Èlif : « Le communautarisme – opportunités et menaces pour les minorités !? »

Hinweise für die Lehrkraft

Inhaltliche Aspekte:

- intrafamiliäre Konflikte
- kulturell bedingte Traditionen
- Kommunitarismus
- Vorurteile
- Diskriminierung

Zum Inhalt:
Das Mystery zum Kommunitarismus ist sehr facettenreich, woraus sich auch sein fachlicher Anspruch ergibt. Es dürfte das komplexeste der neun Mysterys sein und sollte daher zuletzt behandelt werden oder gemäß einer Binnendifferenzierung einer leistungsfähigeren Schülergruppe, ggf. als eine referatähnliche Aufgabe, zugeteilt werden.

Die Geschichte von Elif, Azra, deren Mutter und Andrésia betrifft ein in unserer Gesellschaft kaum bewusst realisiertes bzw. oftmals verkanntes Phänomen. Es reicht von Neid und Vorurteilen gegenüber der Förderung sozial benachteiligter Mitmenschen ungeachtet von deren Herkunft bis hin zu Mobbing, Diskriminierung und Rassismus mit generalisierter Ausländerfeindlichkeit. Solche negativen Verhaltensweisen können sich als Kommunitarismus äußern. Sie würden sich noch aufschaukeln, wenn sich die Schutzbedürftigen auf ihren legitimen Status berufen und ihn ebenfalls auf z. B. aggressive Art und Weise durchzusetzen versuchen. Man kann Kommunitarismus auch als „positive Diskriminierung“ (Schutz von Minoritäten, der letztendlich für diese selbst kontraproduktiv ist) beschreiben, ein Begriff, der wegen seiner Ambivalenz unlogisch wirkt, aber bei genauerem Hinsehen eine hohe Aussagekraft hat.

Hinführung:
Das Mystery beginnt mit einem für viele Schulen typischen Angebot zur Förderung des Miteinanders verschiedener Kulturen, einem Schüleraustausch bzw. hier der Aufnahme einer Gastschülerin/eines Gastschülers. Die Biografie der Gastschülerin – ein Mädchen aus dem Senegal, ihr Vater Diplomat, Besuch einer „Eliteschule“ – dient als Vehikel, um die oben genannten Inhaltsaspekte miteinander in Beziehung zu setzen. Schließlich wäre es denkbar, dass Andrésia ein verwöhntes junges Mädchen ist, das in der Gastfamilie „Sonderrechte“ einfordert. Doch die erste Begegnung räumt dieses potenzielle Vorurteil beiseite. Ein Konflikt baut sich auf, als die Mutter von Elif und Azra es mit Andrésia „besonders gut meint“, indem sie ihr ein Schweineschnitzel zubereitet. Damit verstößt sie zwar gegen ihre muslimische Traditionen; sie gelten aber für Andrésia nicht und rufen so die bislang nicht ausgesprochenen Wünsche ihrer Töchter, ebenfalls Appetit auf Schweinefleisch, auf den Plan. Diese den Verzehr von Fleisch reglementierende Familientradition wurde bislang in Elis und Azras Familie nie (offen) hinterfragt.

Einstiegsmöglichkeiten:
Die Bearbeitung des vorliegenden Mysterys sollte auf Deutsch mit der Klärung des Begriffs „Kommunitarismus“ sowie seiner Umschreibung beginnen. Dazu können die Lernenden

erfahrungsgemäß eigene Beispiele beitragen. Damit ist gewährleistet, dass alle vor der eigentlichen Bearbeitung eine gemeinsame Basis als fundierte Bewertungsgrundlage der Mysterybotschaft besitzen.

Beispiele für Kommunitarismus in der französischen und deutschen Geschichte ist der heutige soziale Status der « Manouche » in Frankreich sowie der Sinti und Roma hierzulande.

Besondere didaktisch-methodische Hinweise:
Derartige Ausführungen zum intrafamiliären Problem wären der Inhalt eines weiteren Unterrichtsschrittes, in dem das Verhalten der Mutter (gegenüber ihren Töchtern) in einem Unterrichtsgespräch (im Idealfall weitestgehend auf Französisch) im Vorfeld der Mysterybearbeitung beurteilt wird: « Vous êtes d'accord avec le comportement de la mère ? Pourquoi ou pourquoi pas ? », oder anspruchsvoller: « Jugez le comportement de la mère. » Mit diesem Unterrichtsschritt ist die Brücke zum Kommunitarismus geschlagen, denn durch das Wohlwollen dem Gast gegenüber werden die eigenen Kinder zurückgesetzt. Andrésia ist hier nicht nur ein Gast, der im Rahmen von Gastfreundschaft bevorteilt wird, sondern repräsentiert zugleich Menschen, die infolge der „positiven Diskriminierung" Neid, Ablehnung u. Ä. erleben.

Den Beweis dieses Mechanismus liefern Elif und Azra selbst, als sie Andrésia einen „Negerkuss", der ohnehin schon seit langem als „Schokokuß" bezeichnet wird, hinstellen, eine Aktion, die sich scheinbar als Protest gegen Andrésia richtet, jedoch Ausdruck des Unverständnisses gegenüber der Mutter ist. Da Andrésia als Schwarze es offenbar kennt, diskriminiert zu werden, rechtfertigt sie indirekt die Fürsorge der Mutter, die schließlich das eigene Fehlverhalten ihren Töchtern gegenüber reflektiert.
Der letztendlich versöhnliche Ausgang des Konflikts beruht darauf, dass sich die Beteiligten nach einer Aussprache entgegenkommen, indem sie Einsicht zeigen. Andrésia hat dabei eine besondere Rolle. Sie droht zunächst zum Mobbingopfer zu werden, zeigt sich nach der Aussprache jedoch als verständnisvoll und bereit, die Entschuldigung für ihr zugegebenes Fehlverhalten anzunehmen. Damit widerlegt sie auch alle eventuellen Ressentiments gegen die Gastschülerin.

Lernmaterial

Lesetext – Le mystère d'Èlif :
« Le communautarisme – opportunités et menaces pour les minorités !? »

Dans deux semaines, les grandes vacances vont commencer. Elif et sa soeur Azra se réjouissent déjà d'avance, parce que cette année une « aventure extraordinaire » ou plutôt une provocation extraordinaire les attend. Sur internet le Lycée Louis Pasteur a demandé aux élèves d'acceuillir une fille ou un garçon d'un pays d'Afrique occidentale.

Les jeunes Africains veulent perfectionner leur français et en savoir plus sur la culture et la vie quotidienne en France. Elif et Aszra ont persuadé leurs parents d'y participer. Alors, Andrésia du Sénégal va passer les vacances chez eux. Elle a 16 ans comme Elif et son père est diplomate à Paris. Elle va à l'ICS, International School à Paris. Le jour de son arrivée toute la famille va la chercher à la gare. Le contact est bon, car Andrésia est très sympathique. Arrivée à la maison, la mère lui montre sa chambre et lui offre un repas avec des légumes, du riz et – une escalope de porc. Normalement, on ne mange pas de viande de porc bienqu' Elif et Azra l'aiment bien. Mais pour elles, c'est défendu. C'est la tradition musulmane de ne pas en manger. Les deux soeurs ne sont pas contentes, mais elles ne disent rien. C'est frappant que la mère fasse tout pour rendre le séjour d'Andrésia aussi confortable que possible. Donc, elle entoure Andrésia de tous ses soins, quelque chose qu'elle ne fait jamais avec ses propres enfants. Elif et Azra en parlent, d'autant plus qu'elles ne savent pas si Andrésia est vraiment d'accord avec ce « traitement particulier ». Mais après tout, son père est diplomate, Elle est dans une école élitaire ... peut-être qu'elle est un peu gâtée ... De toute façon, Elif et Azra le soupçonnent et elles décident de parler ouvertement avec leur mère de leur mécontentement.

Elles ne se sont pas imaginées les vacances avec une correspondante du Sénégal de cette manière : À leur avis, les vacanves doivent être un plaisir pour toute la famille, pas seulemant pour « l'étrangère ». La mère « n'est pas ravie » d'entendre cette critique : « Elle est notre invitée. On offre toujours le meilleur à ses hôtes et en plus, Andrésia est une « noire ». Vous savez les habitants de l'Afrique occidentale sont souvent discriminés. Moi, je ne fais pas cela, heureusement ! J'attends de toutes les deux que vous vous comportez de la même façon ». Maintenant c'en est trop pour les deux filles. Le lendemain matin, une « tête de nègre » se trouve sur l'assiette d'Andrésia. Les parents et surtout la jeune Sénégalaise sont bouleversés. De grands ennuis attendent les jeunes Françaises. Le père : « Nous en reparlerons ! » Et Andrésia ? Celle-ci commence à pleurer : « Ça, je n'en voulais pas. Je ne veux pas que votre mère m'accorde un traitement de faveur. » Tout à coup, la mère devient pensive. Est-ce qu'elle a fait une faute grave, parce qu'Andrésia a été son chouchou ? Elle commence à comprendre. La « tête de nègre » lui a ouvert les yeux. Avec son comportement, elle avait atteint exactement le contraire : de la jalousie envers la jeune fille sympathique et même de la haine. C'est le premier degré du harcèlement et du communautarisme qui est caracteristique pour certaines décisions politiques. On veut protéger les minorités et le contraire se produit. Cette mésaventure a entraîné de vifs échanges dans la famille. Elif et Azra se sont excusées, Andrésia a accepté les excuses et le reste des vacances s'est déroulé en harmonie. Tout le monde se comprend bien et les deux soeurs vont même rendre visite à Andrésia aussitôt que possible.

D'abord, vous allez travailler sur le texte. Cela va vous aider à arranger les cartes du « mystère ».

A

1. Est-ce que tu crois qu'Andrésia est une fille gâtée et qu'elle se croit supérieure. Donne des arguments qui illustrent ton avis.
2. Pourquoi est-ce que la mère d'Elif et d'Azra est-elle si attentionnée avec Andrésia ?
3. Qu'est-ce qu'Elif et Azra pourraient déduire du comportement de leur mère, surtout, parce qu'elle offre une escaloppe de porc à Andrésia, de la viande qui est défendue pour les filles musulmanes.
4. Trouvez des situations identiques où le communautarisme pourrait se développer. Les événements dans le mystère en sont un modèle.

✂ -

L

1. Au début du séjour, Andrésia se montre très sympathique. Sa réaction : « Ça, je n'en voulais pas. Je ne veux pas que votre mère m'accorde un traitement de faveur. » est aussi une indice claire qu'elle ne s'est pas vraiment sentie à l'aise avec le comportement de la mère et qu'elle ne se croit pas supérieure. De plus, elle a tout de suite accepté les excuses d'Elif et d'Azra. Une fille gâtée aurait plutôt répondu d'une façon impertinente, par exemple : « So what ? Ici, je suis l'invitée. Je suis habituée à avoir tout ce que je veux. »

2. La mère sait, ou pire, a peut-être vécu personellement des situations d'harcèlement, car elle appartenait à une minorité. Après tout, elle et sa famille sont des immigrés en France. Donc, elle a voulu faire mieux pour éviter le même sort à Andrésia. En plus, elle n'est pas sûre d'elle et ne veut pas donner à Andrésia le sentiment d'être « différente ».

3. Comme la mère accorde un traitement de faveur à Andrésia, elle donne l'impression à ses filles qu'elles sont de moindre importance à ses yeux, un sentiment qui leur fait du mal, surtout quand Elif et Aza doivent accepter qu'Andrésia mange « l'escalope défendue ».

4. Ce sont, en général, des situations où un membre d'une minorité (un étranger / une étrangère) profite de certains aventages qui ne sont pas accessibles aux habitants « originaires » du pays. De très douloureux exemples sont les incursions policières contre les « people of colour » aux Etats-Unis qui font preuve du racisme.
   Des exemples :
   - la visite d'une école élitaire
   - des subventions de l'État
   - un appartement dans un H.L.M.
   - un job pour remplir les quotas étrangers

✂ -

Legekarten – Mystère 9 : Le communautarisme

1 Des gens discriminés et des minorités sont toujours des étrangers qui n'ont pas le droit d'être mis au même niveau que la population originaire.

2 Il faut surtout protéger les minorités.

3 Souvent, les minorités ont eu un passé difficile, par exemple, la poursuite dans leur pays natal.

4 Un traitement de faveur des personnes discriminés, malgré la bonne intention, entraîne parfois malheureusement le contraire.

5 Une mauvaiuse expérience avec, par exemple, un seul migrant est généralisé.

6 Il faut respecter chaque personne qui appartient à une miniorité avec fair-play et sans préjugés.

7 L'envie et la haine contre une minorité sont souvent le premier degré du racisme.

8 Le communautarisme peut avoir lieu dans la vie privée, sans être remarqué dans l'espace public.

L 1, 2, 3, 6, 7,5, 4, 8 oder umgekehrt

alternativ: 6, 3, 2, 1,5, 7, 8, 4 oder umgekehrt

9 Vertiefungs- und Ergänzungsmaterial

9.1 Des rumeurs avec de l'humeur (?) – ce que des rumeurs peuvent entraîner …

Hinweise für die Lehrkraft

Gerüchte können mit unwahren Behauptungen und Bloßstellungen einer Person deren Ruf nachhaltig schädigen, denn es gelingt kaum, « les rumeurs » aufzuklären. Häufig verbreiten sie sich anonym „wie ein Lauffeuer", sind nicht zurückzuholen und den Betroffenen wird keine Chance gegeben, die Sachlage zu klären. „Postings" über die sozialen Medien unterstützen diesen Negativtrend. Derart gestreute zweifelhafte Informationen liegen im Grenzbereich zu Verleumdungen und sind in vielen Fällen die Vorstufe zu sozialer Ausgrenzung, Mobbing, Diskriminierung und rassistischen Äußerungen, jenen Faktoren, die im Fokus dieser Mysterysammlung stehen. Hinzu kommt, dass Gerüchte oftmals spontan und ohne Gedanken an die Folgen „mal eben" gestreut werden. Im Kontext mit dem Einsatz der folgenden fiktiven Gerüchtegeschichte sollten diese Faktoren mit den Schülerinnen und Schülern auf Deutsch offen angesprochen werden. Dieser Unterrichtsschritt kann vor dem Rollenspiel geschehen oder danach, wobei die Lernenden die o. g. Folgen selbst ableiten. Die Kernbegriffe dazu können (z. B.: « Des rumeurs => isolation sociale, harcèlement, des préjugés, discrimination, stigmatisation ») als Tafelbild festgehalten werden. Insbesondere ist es wichtig, dass die Schülerinnen und Schüler diese Konsequenzen bewusst reflektieren, um so in Zukunft keine Gerüchte mehr zu verbreiten, vielleicht stattdessen den Mut entwickeln, mit Betroffenen über das „Problem" zu sprechen oder, falls das Gerücht schon kursiert, mit Zivilcourage zur Seite zu stehen.

Das folgende Rollenspiel zur Telefonkette ist ein typisches Beispiel für die Entstehung eines Gerüchts. Inhaltlich holt es die Lernenden im „Alltag Schule" ab und führt in karikierender Weise einen Personenkreis vor, der in der Regel nicht gerade zu den Sympathieträgern gehört … Ebenfalls motivierend wirkt dabei die Pointe am Schluss mit der letztlichen Rückgabe des „Schwarzen Peters" an die Verursacher des Gerüchts.

Lernmaterial

Heureusement, cette chaîne de téléphone n'est qu'une scène fictive. Mais elle est présentée avec un humour prononcé.

Imaginez des coups de téléphone entre Pascal et Oleg, Aicha et Elif et leur camarade de classe, Pierre. Le point de départ est l'interrogation d'anglais le jour suivant.

Pascal et Oleg :

Pascal : « Allô, ici Pascal, c'est Oleg ? »
Oleg : « Ah, bonjour Pascal, toi ! Il y a des problèmes ? »
Pascal : « Oui, tu sais ce matin pendant le cours d'anglais de M. Nezrouge ... »
Oleg : « Oui, oui, tu devais quitter la classe parce que tu avais joué avec ton portable pendant le cours. »
Pascal : « Mmh ... ce n'est pas pour cela que je te téléphone. J'ai oublié ce qu'il faut savoir pour notre interro d'anglais demain. »
Oleg : « Bon, c'est un grand boulot. Il faut bien connaître le contenu et la grammaire de la leçon 5. A propos, tu as aussi entendu parler de M. Nezrouge ? Aujourd'hui je l'ai vu boire quelque chose pendant le cours et en plus il a toussé terriblement. »
Pascal : « Oh, boire quelques chose ... Merci pour tes informations. Et maintenant au travail, l'interro attend. »

Pascal et Aicha :

Pascal : « Allô Aicha, c'est Pascal. Tu sais que M. Nezrouge boit ? »
Aicha : « Non, mais boire ... tout le monde boit quelque chose. C'est bon pour la santé de l'eau minérale, du jus, du café, toi aussi, non ? Mais tu ne veux pas dire que M. Nezrouge boit autre chose ? Au revoir, je te quitte. J'ai un rendez-vous important. »

Aicha et Elif :

Aicha : « Salut Elif, Aicha à l'appareil. Alors une grande nouvelle : M. Nezrouge boit trop de café avec du cognac et même à l'école. »

Elif : « Maintenant je comprends pourquoi il s'appelle Nezrouge. À bientôt Aicha, ma mère revient. »

Elif à Pierre :

Elif : « C'est toi Pierre ? Ici Elif. Tu te rappelles qu'hier on a rencontré M. Nezrouge au supermarché ? Il avait acheté une bouteille de cognac. »

Pierre : « Ah non, il a pris une bouteille de jus de pommes. Mais si tu dis que c'est du cognac, bon. D'ailleurs, mon père a vu notre cher prof dans l'autobus. Normallement, M. Nezrouge prend sa Renault rouge. Maintenent, la situation devient claire … »

Elif : « Comment ? »

Pierre : « Rien, rien. A demain j'ai foot dans un quart d'heure. Au revoir. »

Pierre et sa mère :

Pierre : « Maman, maman, écoute. M. Nezrouge est alcoolique. Il boit pendant les cours et puis, il conduit même sa voiture après. »

La mère : « Non, pas possible. Mais il est un danger pour tout votre lycée, pire encore, pour toute la ville. Surtout pour toi, mon chérie. Ce soir, je vais être au « Club des femmes curieuses ». Mme Bavarde, la femme du chéri de la police est une de mes meilleurs amies. Il faut lui donner ces informations pour son mari. Il doit tout de suite arrêter M Nezrouge. Pierre, mon petit, téléphone à tous tes copains. Dis-leur : Pas de cours d'anglais demain. M. Nezrouge va être au prison. »

Pierre à Pascal :

Pierre : « Pascal, des nouvelles ! Pas d'école demain. Nezrouge est un criminel. Il est en prison ! »

Pascal : « Merde ! Je me suis presque tué avec la leçon 5 pour l'interro d'anglais. Maintenant, c'est trop tard pour le cinéma … »

Maintenant, c'est à vous. Tirez au claire ce mystère. Il va sans dire que Pascal, Oleg, Aicha et Elif ne se prêteraient jamais à ce genre de rumeur.

A

1. Qu'est ce qui est caractéristique pour ces rumeurs ? Cette scène est exagérée, mais révèle aussi des réalités.
2. Explique les noms « Nezrouge, Le Club des femmes curieuses, Mme Bavarde » dans le contexte des conversations télephoniques.
3. Enumère les conséquences possibles lorsqu'une rumeur est répendu.

✂

L

1. Dans les rumeurs les faits sont souvent présentés d'une manière exagéree, habituellement avec des informations supplémentaires inventées par les colporteurs du « message ». Donc, ce n'est plus objectif, mais faux. En tout, cas des rumeurs touchent les sujets intimes, ce qui peut s'avérer blessant pour les « protagonistes » de la rumeur.
2. Ce sont des allusions que les colporteurs de rumeurs attribuent aux personnes en question, melées aves des préjugés.
   « Nezrouge » : quelqu'un qui abuse de l'alcool a souvent un nez rouge typique.
   « Le Club des femems bavardes » : ici, un préjugé dans le préjugé : « Ç'est connu que les dames aiment parler. »
   « Mme Bavarde » : cette dame dans le club de la mère de Pierre aime par-dessus tout ces ragots.

3. Des conséquences possibles :
   - La personne en question est exclue de la vie de tous les jours, du travail (chômage), de la société.
   - La personne souffre, parce qu'elle n'a pas la chance d'éclaircir la rumeur, ni de révéler la vérité.
   - Souvent, la personne est harcelée.
   - Les amis se détournent d'elle.
   - Dans la rue, on commence à chuchoter quand la personne se montre.
   - La personne devient timide et perd sa confiance en soi.
   - À la fin, elle aura peut-être des problèmes de santé.

✂

9.2 Und diese Mysterys können noch mehr ... Beitrag zur Sprachkompetenz anhand einfacher Spielkonzeptionen

Hinweise für die Lehrkraft 

Neben dem vordergründigen Ziel der Mysterys, eine Handlungskompetenz der Lernenden in kontroversen Situationen – hier am Beispiel des Oberthemas « La migration en France – être différent ? » – zu erreichen, dürfen in den erste Grundlagen bildenden Lernjahren des Fremdsprachenunterrichts der Spracherwerb und die Sprachkompetenz nicht zu kurz kommen.
Auch hier sind Lernsituationen, in denen eine spielerische Komponente enthalten ist, sehr motivierend und besitzen einen besonders guten Merkeffekt. Während die Arbeit mit den Mysterys sprachlich und inhaltlich verschiedene, nicht unerhebliche Anspruchsgrade erfüllt, können ebenso einfache, den Lernenden in der Regel aus dem Alltag bekannte Spiele didaktisch-methodisch zielführend sein, zumal sie auch daheim zusammen mit einer Mitschülerin/Freundin bzw. einem Mitschüler/Freund durchgeführt werden können.
Die folgenden Spiele eignen sich als Wiederholungs- und Festigungsübungen, so z. B., wenn sich Lernende gemeinsam auf eine Leistungsüberprüfung o. Ä. vorbereiten möchten.
Bis auf das **Gitterrätsel** und das **Wortmemory** sind keine vorgefertigten Materialien erforderlich. Für beide Spielkonzeptionen können die Lernenden sogar diese selbst erstellen.
Die Spielvorschläge sind vom Unterrichtsgang und vom Lehrwerk weitestgehend unabhängig. Somit sind sie auch in Vertretungsstunden sowie für Französischstunden hilfreich, in denen die Lernenden aus stundenplantechnischen Gründen ihre Fachbücher nicht dabeihaben.
Alle Spielkonzeptionen sind so ausgerichtet, dass sie um das o. g. Thema kreisen, en détail fußend auf den vier „Säulen“

- Un cercle d'ami(e)s multiculturel
- Des préjugés – non au préjugés !
- La violence – non à la violence !
- Le racisme – non au racisme !

Scrabble

Dabei dürfen nach den bekannten Scrabbleregeln[12] nur Begriffe aus den vier „Säulen“ gelegt werden. Auch Downloadversionen sind geeignet.

« **Le Scrabble** » – Version française :

Ein Wort sollte maximal 7–8 Buchstaben haben.
Für C gibt es 2 Spielsteine: C und Ç. Da bei Großbuchstaben, wie sie auf den Spielplättchen stehen, die Akzente nicht mitgeschrieben werden, entfallen diese auch hier bei é, è sowie ê. Diese Buchstaben werden als normales e geschrieben. Alle Buchstaben dürfen in einem Wort mehrfach vorkommen und werden in einer vereinfachten, selbst gefertigen Form entgegen der Originalspielweise gleichermaßen mit einem Punkt gewertet.[13]

12 Die Spielenden ziehen Buchstaben aus einem Vorratsbeutel und legen sie verdeckt auf ihr Ablagebrett. Ziel ist es, mit den gezogenen Buchstaben auf dem Spielplan Wörter zu legen, die möglichst viele Punkte einbringen. Dabei dürfen auch bereits dort liegende Buchstaben in das eigene Wort integriert werden.

13 z. B. unter https://www.computerbild.de/download/Scrabble-3D-5921000.html und https://scrabble-3d.de.malavida.com/#gref (Zugriff: 01.02.2022)

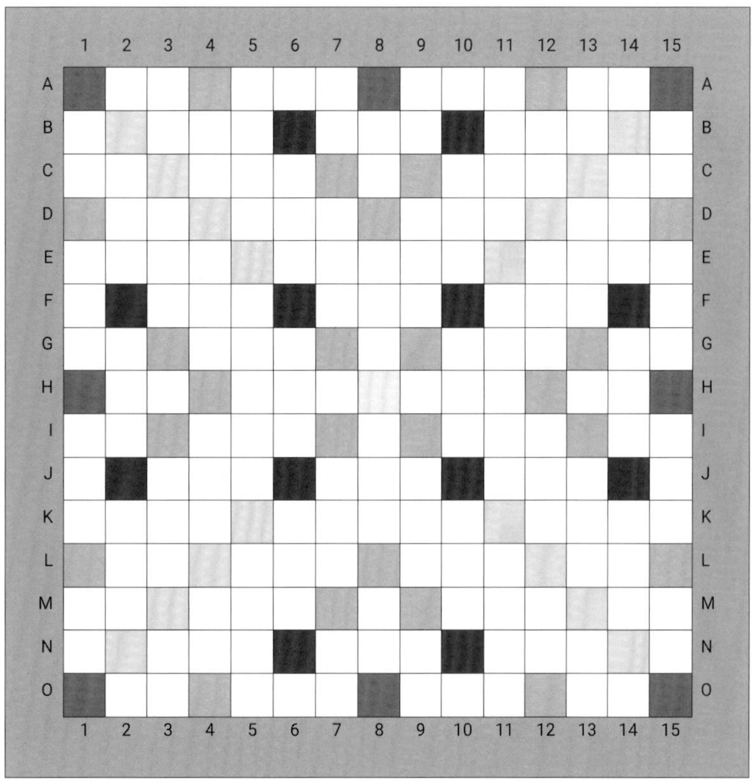

Muster mit gelegten Wörtern:

Gitterrätsel

Waagerecht, senkrecht sowie diagonal sind Begriffe versteckt, die ohne Fragestellungen nur durch genaues Hinschauen gefunden werden müssen. Jede richtige Lösung bringt der Spielerin/dem Spieler einen Punkt. Damit die Aufgabe etwas anspruchsvoller wird, haben sich sog. « faux amis » („falsche Freunde“) als « intrus » („Eindringlinge“) eingeschlichen. Sie bringen natürlich keine Pluspunkte, sondern führen zu einem Abzug, ebenso wie falsch erkannte Begriffe mit Orthografiefehlern. Diese Spielweise fördert neben der Rechtschreibung die Konzentrationsfähigkeit.

M	U	L	T	I	C	U	L	T	U	R	E	L
B	M	I	G	R	A	T	I	O	N	U	I	V
W	Z	A	G	H	I	J	K	L	O	Q	P	R
A	C	G	B	M	N	O	P	Q	N	R	S	T
D	B	C	M	U	S	U	L	M	A	N	(E)	X
W	V	B	E	F	U	L	T	S	L	R	T	W
M	O	Q	R	T	O	L	E	R	A	N	C	E
T	Z	X	F	I	N	T	E	R	V	E	N	U
P	I	C	O	U	R	A	G	E	I	A	T	G
T	R	A	D	I	T	I	O	N	O	C	G	H
F	R	E	M	X	U	T	L	J	L	I	X	Z
A	B	T	J	I	X	S	T	R	E	U	G	H
I	K	L	O	U	T	W	Q	P	N	R	E	T
B	H	I	H	T	G	I	P	Z	C	B	E	R
Z	H	D	B	D	X	E	E	C	E	X	I	X

« Mon nom – un secret ... »
(entspricht „Was bin ich?“)

Eine Person oder ein eindeutiger Sachverhalt zu den o. g. Themen wird von einer Spielerin/einem Spieler der Mitspielerin/dem Mitspieler vorgelesen (gegenseitige sprachliche und/oder grammatikalische Korrekturen „selbstredend“). Zuvor einigen sich die beiden, wie viele Rateversuche gestattet sind, um einen Punkt zu erzielen.

Beispiele:

Elle aimerait bien manger une bonne escalope. (Elif)

Un homme / Une dame asiatique est injurié(e) comme « Etranger / Etrangère, foute le camps ». (le racisme)

« Jouer au pendu » („Galgenraten“, „Galgenmännchen“)

Dieses Buchstabenzuordnungsspiel ist ein Spieleklassiker, der im Fremdsprachenunterricht nahezu einen festen Platz hat, denn er erfordert außer einem Vokabelvorrat keine Vorbereitung und dient der Wortschatzwiederholung und -festigung.

In der Originalversion zeichnet eine Spielerin/ein Spieler so viele waagerechte Strich an die Tafel bzw. auf einen Zettel, wie das gesuchte Wort Buchstaben hat. Vokale (mit und ohne Accent) werden sofort eingetragen. Die Mitspielerin/Der Mitspieler macht nun einen Vorschlag für einen fehlenden Buchstaben. Passt er, wird er eingetragen und sie/er darf weiterraten. Falls nicht, wird ein Strich für einen „Galgen“ gezeichnet. Derjenige, dessen Galgen vollständig ist, hat diese Spielrunde verloren.

Geraten wird ansonsten abwechselnd.

Dieser Inhalt (Galgen) ist natürlich nicht nur vor dem Hintergrund des Oberthemas « La migration – être différent !? » absolut indiskutabel. Anhand dessen soll ausschließlich das Spielprinzip klar werden, zumal viele Lernende es so kennen.

Hier wird deshalb eine veränderte Variante vorgeschlagen, die passend zur Intention der gesamten Mysterysammlung ist:

Neuer Titel « **Le mot accompli** ».

Anstelle des Galgens steht « La migration » (entspricht 11 Fehlversuchen). Buchstaben mit Accent werden vorgegeben, ebenso Leerzeichen. Für jeden falschen Vorschlag wird ein Buchstabe davon abgestrichen. Verloren hat, wessen Wort als erstes gelöst ist.

Beispiel: gesucht « Le préjugé »

_ _ ␣ _ _ é _ _ _ é

Alternative:
« Le sauvage 13 : Hors de la souris »
Ein Begriff wird nur durch Striche entsprechend der Buchstabenanzahl vorgegeben. Wie oben werden alle Vokale und auch der Themenkreis auf Französisch angegeben. Für jeden von den Spielenden falsch genannten Buchstaben gibt es einen Minuspunkt, bei 13 Punkten („Die wilde 13") „aus die Maus".

Wortmemory
Je nach Anzahl der vorgesehenen Memorykarten wird ein DIN-A4-Bogen aus Zeichenkarton in 8 Karten aufgeteilt oder es werden Blankokarten beispielsweise im Internet bestellt.[14] Als „Memorymotive" dienen Schlüsselbegriffe zum Thema « La migration », die auf jeweils zwei Karten geschrieben werden. Gemäß der Originalspielweise eines Memorys müssen dann diese Paare gefunden werden. Passende Begriffe lassen sich zum Beispiel aus den zu Beginn der Hinweise für die Lehrkraft aufgelisteten inhaltlichen Aspekten oder aus den Lesetexten zu den Mysterys entnehmen. Alternativ stellt die Lerngruppe selbst einen Katalog mit Kernbegriffen unabhängig von den Schülermaterialien zusammen.

Drei Beispiele:

Racisme	Commu-nautarisme
Préjugé	Solidarité
Chaumage	Violence
Courage morale	Intégration

Amitié	Courage
Tradition culturelle	Harcèlement
Migration	Femme/ Homme de couleur
Rumeur	Etrangère/ Etranger

Provocation	«Fermer les yeux»
Intolérance	Victime
Agression	Isolation sociale
Stigmati-sation	Discrimini-nation

14 Solche Karten können auch günstig gekauft werden: https://www.timetex.de/blanko-spielkarten-im-etui-beidseitig-weiss?sPartner=gad5-de&popper=4&gclid=CjwKCAjwopWSBhB6EiwAjxmqDZV5kTKxOYxvboYfeYr zI2YliDUCNR4dLYJcAa8tjME6QPPMO38ogxoCqb4QAvD_BwE oder: https://schmidtlehrmittel.de/detail/index/sArticle/1928?sPartner=gs&gclid=CjwKCAjwopWSBhB6EiwAjxmqDblSL-txw2SN052nj70hKdMSbN_J7SfadxDREgGVlgwioKpqyzWyxoCga4QAvD_BwE (Zugriff: 10.04.2022).

Mysterymemory

Auch mit den Mysterykarten lässt sich das (Sprach-)Gedächtnis trainieren, hier zur Übung und Festigung grammatikalisch-sprachlicher Strukturen. Je nach gewünschtem Schwierigkeitsgrad und inhaltlicher Schwerpunktsetzung werden aus den insgesamt 72 Karten der 9 Mysterys mehrere Mysterys ausgewählt und die Karten jeweils zweimal kopiert. Die Karten liegen verdeckt auf dem Tisch. Wenn es einer Spielerin/einem Spieler gelingt, ein Paar mit gleichlautender Aussage zu finden, darf sie/er es behalten.
Welche Karten ausgewählt werden, hängt vom jeweiligen Unterrichtsgang und der Interessenlage der Lerngruppe ab.
Eine Progression im Schwierigkeitsgrad lässt sich erreichen, indem von mehreren Mysterys die Karten ohne Doppel ausgelegt werden und ein Paar aus jeweils zwei „Statements" besteht, die demselben Mystery entstammen.
Auch hier werden die entsprechenden Mysterys aus dem Originalmaterial entsprechend der unterrichtlichen Vorgaben ausgewählt.
Für beide Spielformen gelten die Regeln der herkömmlichen Spielweise.

„Mysterytrio"

Ziel dieser Spielvariante mit allen 56 Karten aus den Mysterys 1–7 plus einer Jokerkarte ist es, die Aussagen der thematisch verbundenen Mysterys neu zu kombinieren, denn viele von ihnen treffen auf mehrere Geschichten zu, zum Beispiel « C'est plus confortable de ‚fermer les yeux' et de détourner le regard que d'agir » oder « Je n'ai pas beaucoup de confiance en moi ». Auch hier steht die Schulung des vernetzten Denkens im Vordergrund.
Die insgesamt 57 Karten werden gemischt und an je drei Schülerinnen und Schüler verteilt. Da es schwierig sein wird, die jeweils 19 Karten gefächert (wie beispielsweise beim „Skat") auf die Hand zu nehmen, ist es zu Beginn sinnvoller, sie als Stapel zu halten und dann die gelesenen Karten wieder unter den Handstapel zu legen.
Per Losentscheid wird ermittelt, wer beginnt. Die erste Spielerin/Der erste Spieler legt eine beliebige Karte auf den Tisch und notiert sich dafür einen Pluspunkt. Die nächste Spielerin/Der nächste Spieler (im Uhrzeigersinn) schaut ihre/seine Karten nach einer inhaltlich passenden Aussage durch und legt sie dazu. Wenn alle Mitspielenden einverstanden sind, gibt es auch hier einen Pluspunkt. Spielerin/Spieler Nummer drei schaut ebenfalls. Im Idealfall bekommt sie/er auch ein „Plus" auf ihrem/seinem Notizzettel. Falls eine Karte nicht passt, wird ein Punkt wieder gestrichen. Das fertige „Mysterytrio" aus drei Karten wird beiseitegelegt. Nicht stimmige Aussagen werden ebenfalls aus dem Spiel genommen. So ist auch gewährleistet, dass nicht stets dieselbe Spielerin/derselbe Spieler ein neues „Trio" beginnt. Die Startspielerin/Der Startspieler haben als Einzige die Möglichkeit zu taktieren, so etwa, indem sie/er aus ihrem/seinem Stapel eine Karte mit einer eher speziellen Aussage auswählt mit dem Hintergedanken, dass es schwieriger für die Folgespielerin/den Folgespieler sein wird, dazu eine Partnerkarte zu finden. Wenn keine Kombinationen mehr möglich sind bzw. die Karten nicht mehr für ein „Trio" ausreichen, ist die Spielrunde beendet. Siegerin/Sieger ist die beste Punktesammlerin/der beste Punktesammler.
Entscheidend ist der faire Umgang miteinander und – durchaus auf Deutsch – die Diskussion mit ggf. Begründungen, warum die eine oder andere Karte nicht passt.

Spielalternative: Es werden keine Karten gesammelt, sondern die-/derjenige gewinnt, die/der als Erste/Erster den eigenen Kartenstapel abgetragen hat bzw. bei einem abgesprochenen Spielende am wenigsten auf der Hand hält.

9.3 Tiken Jah Fakoly, Africain à Paris (2007)

Hinweise für die Lehrkraft 

Die Fassung von Tiken Jah Fakoly, « Africain à Paris »[15], ist die französische Version von „Like an Englishman in New York" von Sting, 1987[16] und stellt unter Verwendung einer zum Teil metaphorischen Sprache die Situation eines afrikanischen Arbeitsmigranten in Paris dar. Aus dem Brief des jungen Mannes an seine Mutter geht – verbal versteckt, jedoch in der Aussage deutlich – die Ablehnung bis hin zur Diskriminierung hervor, die ihm entgegengebracht wird. Hinzu kommen schlechte Arbeits-, Wohn- und Ernährungsbedingungen, ebenso wie eine nicht der Leistung entsprechende Bezahlung. Wie schlecht seine Lebensbedingungen sind, zeigen Verse wie beispielsweise « C'est l'enfer ni le paradis », « Un peu en exil ». Seine Sorge gilt jedoch in erster Linie nicht sich selbst, sondern seiner Mutter, die sich ihrerseits um ihren Sohn sorgt. Ihr gegenüber versucht der junge Afrikaner im Wechselspiel mit der Schilderung der Missstände, Optimismus zu verbreiten, und hebt das wenige Positive an seiner Situation hervor.
Neben dem im Hintergrund mitschwingenden Kernthema dieses Mysterybandes kommt hier eine weitere Komponente zum Tragen, die insbesondere Arbeitsmigranten betrifft: deren ausbeuterischen Beschäftigungsverhältnisse, die arbeitsrechtlich kaum fair und wertschätzend geregelt sind. Arbeitgeber profitieren davon, dass in vielen Ländern der Erde die Verdienstmöglichkeiten so gering sind. Die Arbeitsbedingungen im Gastland sind oft schlechter als im Heimatland.
Je nach Unterrichtsgang können die im Chanson genannten Gesichtspunkte zur Vertiefung und Erweiterung genutzt werden.

15 s. https://www.youtube.com/watch?v=1UZs5kD5-Mg (Zugriff: 02.02.2022)
16 s. https://genius.com/Sting-englishman-in-new-york-lyrics (Zugriff: 02.02.2022)

Lernmaterial[17]

One, two

Maman je pense à toi, je t'écris
D'un trois étoiles à Cachan
Tu vois faut pas que tu trembles ici
J'ai un toit et un peu d'argent
On vit là tous ensemble, on survit
On n'y manque presque de rien
C'est pas l'enfer ni le paradis
D'être un Africain à Paris

Oh oh
Un peu en exil
Étranger dans votre ville
Je suis Africain à Paris

Oh oh
Un peu en exil
Étranger dans votre ville
Je suis Africain à Paris

Sais-tu qu'ils nous ont promis des places ?
Mais c'est par la voie des airs
Elles ne sont pas en première classe
C'est un oiseau nommé charter
En attendant que l'oiseau s'envole
Des mains noires aux doigts de fée
Font tourner autour des casseroles
Un soleil au goût de mafé

Oh oh
Un peu en exil
Étranger dans votre ville
Je suis Africain à Paris

Oh oh
Un peu en exil
Étranger dans votre ville
Je suis Africain à Paris

17 Vous pouvez écouter la chanson sur internet: https://www.youtube.com/watch?v=1UZs5kD5-Mg bzw. https://www.songtexte.com/songtext/tiken-jah-fakoly/africain-a-paris-33c6b805.html (Zugriff: 07.03.2022)

Et du dimanche au dimanche aussi
Je ne fais que travailler
Tu vois j'en ai de la chance ici
J'aurais bientôt mes papiers
Maman, j'sais que tu as l'habitude
De trop vite t'affoler
Surtout n'aie pas d'inquiétudes
Si un hôtel a brûlé

Oh oh
Un peu en exil
Étranger dans votre ville
Je suis Africain à Paris

Tiken Jah Fakoly

A propos : Ne t'en fais pas si tu ne comprends pas tout. Ici, le français n'est pas la langue que tu connais de tes cours. Prends en considération que c'est le texte d'une chanson. Tu vas sûrement comprendre le message.

A

1. Résume la situation de « l'Africain » à Paris.
2. Pourquoi est-ce que le jeune homme utilise beaucoup de métaphores dans la lettre à sa mère en Afrique ?
3. On ne connaît pas le nom du jeune homme, il reste anonyme. Qu'est-ce que l'auteur du texte veut exprimer par cela ?

L

1. Le jeune Africain a quitté son pays natal pour vivre à Paris. Là, les conditions de vie sont très mauvaises : un hébergement primitif, très peu d'argent, très peu à manger et un travail dur. Les promesses qu'on avait faites aux immigrants africains ne sont pas remplies. Tout ce qu'il partage sous-entend qu'il est illégal. Son récit est plein d'images, de métaphores qui dévoilent son état d'esprit. Il se sent comme un étranger isolé et loin de sa partrie qui n'est pas accepté par la société.

2. Il ne veut pas avouer que les conditons de vie ne correspondant pas du tout à ce qu'on avait promis aux jeunes qui ont pris la décision d'aller à Paris. La situation n'est guère plus favorable qu'en Afrique. Avec les métaphores, il veut montrer que la situation va s'arranger et – plus important – qu'il ne veut pas inquiéter sa mère qui se fait déjà assez de soucis.

3. Quand un auteur ne donne pas de noms à son protagoniste, il veut souligner l'universalité de la situation. Ça veut dire que ce protagoniste représente un groupe de personnes qui ont le même sort que lui. Ce qui arrive au jeune Africain pourrait arriver à beaucoup de gens dans une situation identique.

9.4 Un blog sur le site de votre école

Hinweise für die Lehrkraft

Eine virtuelle Pinnwand kommt dem Medieninteresse der Adressatengruppe entgegen und kann gezielt im Hinblick auf die Kommunikation eigener Beiträge genutzt werden. Damit wird den Schülerinnen und Schülern zugleich gezeigt, dass Mediennutzung ein zeitgemäßes Austauschmedium ist, sofern es nicht wie im Mystery 7 missbraucht bzw. exzessiv genutzt wird. Diese Möglichkeit des Meinungsaustausches fördert die Auseinandersetzung mit allen in diesem Band behandelten Teilaspekten und trägt sowohl zur Kommunikationsfähigkeit als auch zur Handlungsorientierung bei.

Avec les programmes suivants vous pouvez créer un blog sur les sujets qui sont traîtés dans les mystères :

- SparkAdobe : https://express.adobe.com/de-DE/edu
- Wordpress-Blog

Les sujets :

- Être différent
- La migration
- Le racisme
- La violence
- Le harcèlement
- Le communautarisme
- Le gaspillage alimentaire
- Et en plus : Vivre ensemble – être plus fort ensemble

Ce blog fonctionne comme un panneau d'affichage virtuel et vous donne la possibilité d'échanger vos opinions sur les sujets ci-dessus. Vous avez sûrement des questions personnelles sur lesquelles un copain / une copine pourra certainement vous aider avec son expérience. Peut-être qu'il y aura aussi des nouveaux contacts parmis les personnes touchées – une chance pour vous tous de lutter contre toutes les inégalités.

D'autres idées sur les sujets ci-dessus :

- un article pour notre journal d'élèves (la presse écrite et online) ou sur le site de l'école
- une semaine de projets avec des ateliers et des travaux en groupe
- un groupe d'études une fois par mois, par exemple
- un podcast
- présentation d'un jeu de rôles à l'école et / ou sur YouTube / Tick-Tok
- une collection d'émissions et de podcasts intéressants dans une playlist sur YouTube

9.5 Migration in Frankreich

Hinweise für die Lehrkraft

Die im Fußnotenapparat aufgeführten Internetlinks[18] bzw. die dort abrufbaren Texte bieten Möglichkeiten der inhaltlichen Vertiefung und können fakultativ im Unterricht eingesetzt werden.

Text 1: Historische Entwicklung der Einwanderung und Einwanderungspolitik in Frankreich
Text 2: Aktuelles Migrationsgeschehen und Frankreichs Einwandererbevölkerung

Beide Texte geben einige wesentliche Fakten zur Migrationsgeschichte und dem aktuellen Migrationsgeschehen Frankreichs wieder. Sie wurden anhand aktueller Informationen und des Datenmaterials der „Bundeszentrale für politische Bildung“ erstellt.
In Frankreich zeigen sich oftmals deutliche Nachteile für Migrantinnen und Migranten, auch wenn sich der Staat um eine zunehmende Integration bemüht. So sind Zuwanderinnen und Zuwanderer im Hinblick auf die Arbeitsmarktintegration gegenüber der französischen Gesamtbevölkerung häufig benachteiligt und so verstärkt von Arbeitslosigkeit bzw. prekären Beschäftigungsverhältnissen und niedrigerem Einkommen betroffen.
Besondere Bedeutung kommt Migrantinnen und Migranten aus den sogenannten „Maghreb-Staaten“ zu. Mit „Maghreb“ wird die Region Nordafrika, Mauretanien, Algerien, Tunesien, Libyen, Marokko sowie das völkerrechtlich umstrittene Gebiet der Westsahara bezeichnet. Insofern eignet sich die Thematik „Maghreb“ ebenso für eine vertiefende Beschäftigung im Zusammenhang mit „Migration in Frankreich“.[19]

Die angesprochenen Texte können den Schülerinnen und Schülern entweder ausgehändigt werden oder sie recherchieren anhand der angegebenen Links selbst, so beispielsweise auch für ein Referat oder einen sonstigen Leistungsnachweis. Ein Referat ist dahingehend förderlich für die gesamte Lerngruppe als die Referentin/der Referent sich besonders intensiv mit der Problematik auseinandersetzen muss, um so den Mitschülerinnen und Mitschülern die Sachlage gut verständlich in „ihrer Sprache“ vermitteln zu können.

Ein Beitrag zur vorurteilsfreien gesellschaftlichen Teilhabe vornehmlich von Jugendlichen, die einen Migrationshintergrund besitzen, wird seit vielen Jahren in den Lehrbüchern des Sekundarbereichs I sowie Lektüren geleistet, indem beispielsweise Jugendliche und junge Erwachsene aus Zuwanderungsgebieten als „Leitfiguren“ in den entsprechenden Materialien agieren. Diesem Prinzip folgen auch die hier vorgestellten Mysterys.

18 vgl. Text 1: https://www.bpb.de/themen/migration-integration/laenderprofile/246828/historische-entwicklung-der-einwanderung-und-einwanderungspolitik-in-frankreich/, Text 2: https://www.bpb.de/themen/migration-integration/laenderprofile/246825/aktuelles-migrationsgeschehen-und-frankreichs-einwandererbevoelkerung/ (Zugriff: 05.03.2022)
19 vgl. https://www.bpb.de/apuz/232413/maghreb (Zugriff: 02.02.2022)

9.6 Une affiche contre le racisme

Hinweise für die Lehrkraft 

Das Foto zur Evolution des Menschen kann mit der Überschrift « Sans nos ancêtres de couleurs nous n'existérions pas ! » zu einem Plakat gestaltet werden. Es entstand im Neanderthalmuseum in Mettmann[20] und zeigt in einem Urzeitszenario wesentliche Stationen der Humanevolution, hier im Vordergund einen menschlichen Vorfahren, der deutlich mehr Merkmale der Jetztmenschen aufweist als der ganz rechts stehende Australopithecus und der kleinwüchsige Hominide links hinter ihm.

Sans nos ancêtres de couleur
nous n'existérions pas !

(Foto: Högermann)

Dieses Plakat mit der provokativen Überschrift zeigt aus evolutionsbiologischer Sicht die Absurdität von Rassismus. Nachweislich spielt die dunkle Hautfarbe in unserer Evolution eine Schlüsselrolle, denn die aus Afrika zugewanderte Art *Homo sapiens* war dunkelhäutig. Nach heutiger Erkenntnis hat sich erst mit der Neolithischen Revolution und der Vitamin-D-armen Kost für hellhäutige Mutanten ein Selektionsvorteil ergeben.

An dieser Stelle ein Zitat des Evolutionsbiologen Prof. em. Dr. Ulrich Kattmann: „Was die ‚Hautfarben' betrifft, so sind sie m. E. alle rassistisch. Auch die Selbstbezeichnung ‚Black' der

20 https://www.neanderthal.de/de/start.html (Zugriff 02.02.2022)

Afroamerikaner ist eine (wenn auch als Selbstbezeichnung zu respektierende) Reaktion auf weißen Rassismus: Es gibt weder weiße noch schwarze oder gelbe und rote Menschen!"[21]

Das Plakat ergänzt und vertieft das Mystery 5 (Le mystère de Pascasl et d'Oleg « Les yeux grands fermés – cela la nouvelle réalité ? »), das u. a. von Rassismus handelt. Als Erstes formulieren die Lernenden den Zusammenhang mit dem o. g. Mystery sowie die von ihnen vermutete Aussage des Plakats. Anschließend wird im Plenum ein Meinungsbild erstellt und es werden die Aussagemöglichkeiten und -grenzen des Plakats ermittelt. Ebenso sollten kritische Anmerkungen zum Plakat sowie ggf. auch zum Zitat angeregt werden. Durch die Fächerverbindung zum Fach Biologie erhalten die Lernenden eine weitere Perspektive für die Bewertung von Rassismus sowie eine Erklärungsmöglichkeit seiner sozialen Entstehung.

21 Das Zitat stammt aus einem persönlichen Gespräch zwischen der Autorin und Herrn Prof. Kattmann im Jahr 2021.

9.7 Mysterys – Lernstoff geheimnisvoll verpackt – eine Einführung für Schülerinnen und Schüler

Mit der Mysterymethode könnt ihr in Teamarbeit Lernstoff selbstständig erarbeiten, bereits Gelerntes vertiefen, festigen und wiederholen. So werdet ihr Zusammenhänge besser verstehen und behalten können. Dabei ist die logische Verknüpfung von Einzelaussagen und manchmal sogar „um die Ecke denken" gefragt. Als Grundlage dient der Unterrichtsstoff zu einem bestimmten Thema, das ihr bereits bearbeitet habt oder nun anhand von Mysterykarten selbst erschließen sollt.

Zunächst wird euch eine Aussage vorgestellt, die in sich von der Logik her nicht passt, z. B. so wie der Filmtitel „Eyes wide shut" (Film von Stanley Kubrik, 1999, Hauptrollen Tom Cruise, Nicole Kidman), auf Deutsch „Augen weit geschlossen". So einen Widerspruch gilt es nun mit detektivischem Spürsinn, eurem Vorwissen und evtl. neuen Arbeitsmaterialien zu entlarven. Zu jedem Mystery bekommt ihr eine gewisse Anzahl von kleinen Karten, die jeweils ein „Statement" zum Sachverhalt beitragen. Wenn ihr diese nun in eine für euch logische Ordnung bringt, entweder hinter- bzw. nebeneinandergelegt, und mit Verzweigungen arbeitet, kommt ihr dem Doppelsinn auf die Spur (siehe das Beispiel rechts auf dieser Seite).

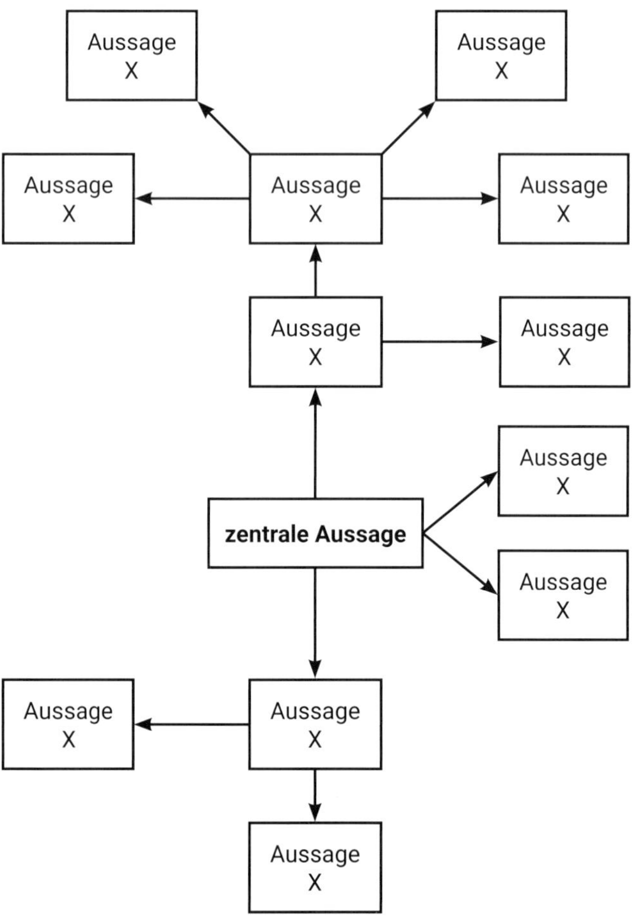

Bei einem Mystery werdet ihr spannende Diskussionen untereinander haben und auch eine Menge Fachwissen einbringen können. Dieses Fachwissen, eventuell eigene Informationen sowie solche aus anderen Unterrichtsfächern werden auf diese Weise miteinander verknüpft. Außerdem sind die Mysterys so angelegt, dass sie euch „Lifehacks" für so manche Alltagssituation, sogenannte „Handlungsoptionen" („Handlungsmöglichkeiten"), aufzeigen.

Die Mysterys in diesem Band betreffen ein Thema, das im Alltag häufig in versteckter oder deutlich erkennbarer Form präsent ist: « La Migration en France – être différent !? » Das „Anderssein" äußert sich oftmals in sehr unterschiedlicher Form und bringt meistens Konfliktsituationen mit sich. Genau das werdet ihr nun selbst erforschen und dann vielleicht eure eigene Einstellung zu betroffenen Mitmenschen ändern. Lasst euch einfach einmal darauf ein.

9.8 Feedback- bzw. Evaluationsbögen für Lernende und die Lehrkraft

Hinweise für die Lehrkraft

Die beiden Feedback- bzw. Evaluationsbögen (« Formulaires de réponse ») für die Lernenden und die Lehrkraft sind für alle Beteiligten ein wichtiges Diagnoseinstrument, um sowohl eine Rückmeldung über die bereits durchgeführte Mysteryunterrichtseinheit als auch konstruktive Änderungsvorschläge für einen erneuten „Durchlauf" zu erhalten. Lernenden gibt eine solche Befragung die Möglichkeit zu einer abschließenden Reflexion des Inhalts, was im Nachhinein die Bereitschaft zur Änderung des eigenen Verhaltens unterstützen kann. Auch Lernfortschritte oder fachliche Lücken werden erkennbar, ohne dass dies unmittelbar von der Lehrkraft kommt. Des Weiteren zeigt die Bitte um Rückmeldung, dass Lernende als Kooperationspartner der Lehrkraft ernst genommen werden und ihre Beurteilung auch für diese eine Hilfestellung ist.

Die Fachlehrkraft profitiert von den anonym verfassten Meinungsbildern, indem sie daraus Rückschlüsse auf die Perzeption der Mysterymethode insgesamt, die Inhalte und Arbeitsaufträge, den Identifikationsgrad, die Schülerkommunikation, den Lernstand und schließlich die eigene Unterrichtsführung ziehen kann. Diese Angaben zusammen mit denen auf dem eigenen Feedbackbogen sind eine „Investition in die Zukunft" des erneuten Einsatzes von Mysterys. Insbesondere für Referendarinnen und Referendare sind derartige Möglichkeiten der Rückmeldung sehr hilfreich.
In beiden Evaluationsbögen folgt die Bewertung dem Schulnotensystem von 1–6. Obwohl bei derartigen Befragungen häufig Plus- und Minuszeichen sowie eines für „neutral" verwendet werden, erhält hier das Notensystem den Vorzug, denn es ist bekannt und bedarf keiner zusätzlichen Erklärungen.

Der Feedbackbogen für Lernende ist dreigeteilt:
(1) zur Mysterymethode
(2) zu den Mysterys
(3) zur Verwendung der Fremdsprache
und hält einen Freiraum für persönliche Mitteilungen bereit.

Der Feedbackbogen für die Lehrkraft hat drei Schwerpunkte:
(1) Schüler-Schüler-Kommunikation und -verhalten
(2) Verwendung der Fremdsprache
(3) Arbeits- und Zeitaufwand.

Einschätzung:
Das werde ich bei einer erneuten Durchführung der Mysterymethode ändern: ...
Das werde ich beibehalten: ...

Feedbackbogen für die Lernenden (« Formulaire de réponse » pour les élèves)

Ihr habt nun die Möglichkeit, eure Meinung abzugeben:
(1) zur Mysterymethode
(2) zu den Mysterys
(3) zur Verwendung der Fremdsprache
« Votre avis nous intéresse ».

Dazu könnt ihr pro Frage eine Schulnote zwischen 1 und 6 vergeben bzw. bei einigen Fragen auch eure Begründung hinzufügen. Sicherlich möchtet ihr bei der einen oder anderen Frage gern etwas „loswerden". Dazu schreibt ihr einfach euren Kommentar unter der betreffenden Kennnummer in die Leerzeile. Dieser Evaluationsbogen ist für die Arbeit mit Mysterys wichtig, denn dadurch kann man sich rückblickend mit dem Thema und der Art und Weise, wie es auf Französisch bearbeitet wurde, auseinandersetzen. Diese Chance solltet ihr unbedingt nutzen.
Ganz wichtig ist diese Rückmeldung natürlich für eure Lehrkraft. Sie wird sicher vieles von euch lernen und kann dies für den nächsten „Mysteryunterricht" berücksichtigen.

(1) Zur Mysterymethode

1. Ich finde die Methode spannend und motivierend.

1	2	3	4	5	6

2. Die Methode wurde von der Lehrkraft gut erklärt und ich habe sie gut verstanden.

1	2	3	4	5	6

3. Der Zeitrahmen, in der wir mit den Mysterys gearbeitet haben, war angemessen.

1	2	3	4	5	6

4. Ich habe die Arbeitsaufträge gut verstanden.

1	2	3	4	5	6

5. Ich habe gern in der Gruppe gearbeitet.

1	2	3	4	5	6

6. Ich hätte lieber allein gearbeitet.

1	2	3	4	5	6

(2) Zu den Mysterys

1. Für mich ist der gesamte Themenkomplex « La migration en France – être différent !? » wichtig.

1	2	3	4	5	6

2. Das Mystery/Die Mysterys … hat/haben mich besonders angesprochen, weil

3. Das Mystery/Die Mysterys … hat/haben mir nicht gefallen, weil

4. Das Mystery/Die Mysterys … gab/gaben mir eine Identifikationsmöglichkeit, denn ich habe persönliche Situationen wiedererkannt.

5. Die Arbeitsaufträge waren interessant.

1	2	3	4	5	6

(3) Zur Verwendung der Fremdsprache

1. Ich habe die Texte allein (mithilfe der mir zur Verfügung gestellten Hilfsmittel, z. B. der Liste der Redemittel) gut verstanden.

1	2	3	4	5	6

2. Ich habe die Texte erst durch gemeinsame Bearbeitung in einer Kleingruppe verstanden.

1	2	3	4	5	6

3. Ich fand das sprachliche Niveau angemessen.

1	2	3	4	5	6

4. Die Bearbeitung der Arbeitsaufträge fiel mir leicht.

1	2	3	4	5	6

5. Ich hätte mir mehr Unterstützung der Lehrkraft bei meinen Fragen gewünscht.

1	2	3	4	5	6

6. Ich habe durch die Arbeit mit den Mysterys meine Sprachfertigkeit verbessert.

1	2	3	4	5	6

7. Ich bin nun mutiger, mich auf Französisch zu äußern.

1	2	3	4	5	6

Platz für persönliche Kommentare

Feedbackbogen für die Lehrkraft

(1) Schüler-Schüler-Interaktionen und -verhalten

?

1. Die Lernenden haben sich gegenseitig in den Kleingruppen unterstützt.

1	2	3	4	5	6

2. Sonst eher zurückhaltende Lernende wurden gut integriert.

1	2	3	4	5	6

3. Die Lernenden haben sich den Argumenten ihrer Mitlernenden gegenüber fair und tolerant gezeigt.

1	2	3	4	5	6

4. Die Lernenden haben sich gegenseitig in den Kleingruppen unterstützt.

1	2	3	4	5	6

5. Die Lernenden waren konzentriert bei der Sache.

1	2	3	4	5	6

6. Reaktionen der Lernenden (Gestik, Mimik, Äußerungen) ließen Rückschlüsse auf ihre Identifikation/persönliche Betroffenheit mit dem Problem/Sachverhalt schließen.

1	2	3	4	5	6

7. Die Lernenden haben die Binnendifferenzierung gut angenommen.

1	2	3	4	5	6

8. Es ist davon auszugehen, dass die Beschäftigung mit den Mysterys bei einigen Lernenden eine Verhaltensänderung bewirkt.

1	2	3	4	5	6

(2) Verwendung der Fremdsprache

1. Der Unterricht erfolgte in allen Unterrichtsphasen einsprachig auf Französisch.

1	2	3	4	5	6

2. Je nach inhaltlichem Schwierigkeitsgrad gab es Unterrichtsphasen auf Deutsch.

1	2	3	4	5	6

3. In den Kleingruppen erfolgte die Kommunikation überwiegend auf Französisch.

1	2	3	4	5	6

4. Die Lernenden sind häufig in die Muttersprache (inkl. z. B. Russisch oder Türkisch bei Lernenden mit Migrationshintergrund) ausgewichen.

1	2	3	4	5	6

5. Ich wurde oft um Hilfestellung gebeten.

1	2	3	4	5	6

6. Die Arbeitsaufträge waren vom Niveau her angemessen.

1	2	3	4	5	6

7. Die Arbeitsaufträge wurden zur Zufriedenheit (inhaltlich, sprachlich) erfüllt.

1	2	3	4	5	6

(3) Arbeits- und Zeitaufwand

1. Der materielle und zeitliche Vorbereitungsaufwand war sehr hoch.

1	2	3	4	5	6

2. Der Aufwand hat sich im Hinblick auf den Unterrichtserfolg gelohnt.

1	2	3	4	5	6

3. Der Aufwand hat sich für die erneute Verwendung der Mysterys ausgezahlt.

1	2	3	4	5	6

4. Ich werde diese Mysteryreihe erneut durchführen.

1	2	3	4	5	6

Das werde ich bei einer erneuten Durchführung der Mysterymethode ändern:

Das werde ich beibehalten:

9.9 Vokabelhilfen

Ich bin an der Reihe.	C'est mon tour.
Wer ist an der Reihe?	C'est à qui ?
zu zweit	à deux
übrigens	à propos
Lust haben, etw. zu tun	avoir envie de faire qc
Angst haben, etw. zu tun	avoir peur de faire qc
etwas tun müssen	avoir besoin de faire qc
etwas anderes	d'autre chose / autre chose
jemanden kennenlernen	faire la connaissance de qn
mit etwas einverstanden sein	être d'accord avec qc
Das ist (nicht) schlimm.	C'est (Ce n'est pas) grave.
Ich nicht!	Moi pas ! / Moi non plus !
kein Problem	pas de problème
jemanden auf die Probe stellen	soumettre qn à une épreuve
ein Gewissenskonflikt	un conflit de conscience
etw. verraten	trahir qc
jemandem etwas verraten	livrer qc à qn
deswegen	c'est pourquoi / de ce fait
einer gegen zwei	à deux contre un
jemanden angreifen	agresser qn
meiner Meinung nach	à mon avis
aufgeben	baisser les bras
geschwätzig sein	être bavard
noch viel, mehr	bien d'autres choses
Es kommt darauf an.	Ça dépend
Das bedeutet.	Cela veut dire ...
jemanden verhauen	casser la figure à qn
Das ist nicht mein Ding.	Ce n'est pas mon truc
einen fiesen Charakter haben	avoir un caractère de chien
jemanden anzeigen	dénoncer qn
etwas/jemanden hassen	détester qc / qn
etwas austauschen	échanger qc contre qc
jemanden ärgern	énerver qn
nach etwas süchtig sein	être accro à qc
fähig sein etwas zu tun	être capable de faire qc
gegen jemanden sein	être contre qn
für jemanden sein	être pour qn
ein Verbot gegen etwas haben	être privé,e de qc
Vorurteile haben	avoir des préjugés
Ich muss dir etwas sagen/erzählen.	Il faut que je te dise un truc.
Wir dürfen/sollten nicht, man darf/ soll nicht.	Il ne faut pas + inf.
die Beine in die Hand nehmen	prendre ses jambes à son cou
Was sollen wir machen?	Que faire ?
nichts Besonderes	rien de spécial
sich an etwas/jemanden erinnern	se souvenir de qc / qn

jemandem etwas melden	signaler qc à qn
jemandem am Arm festhalten	tenir qn par le bras
(und) überhaupt …	(et) à vrai dire
etwas/jemanden ausnutzen	profiter / abuser de qc / qn
kein Selbstvertrauen haben	ne pas avoir de confiance en soi
die Selbstverantwortung	la responsabilité individuelle
der Feigling	le lâche
(vor etwas) kneifen	se dégonfler (de qc)
etwas kommt (nicht infrage)	Il (n')est (pas) question de
das Besäufnis	la soûlerie / beuverie
Das wird nicht gern gesehen.	C'est mal vu ici.
etwas heimlich tun	faire qc clandestinement
um etwas kreisen (fig.)	tourner autour de qc
jemanden mit etwas belasten	accabler qn avec qc
auf etwas/jemandem lasten	peser sur qc / qn
jemandem Ärger machen	faire des ennuis à qn
beziehungsweise	respectivement
zu etwas gehören (fig.)	faire partie de qc
trinkfest sein	supporter bien l'alcool
Das ist allgemein bekannt.	C'est de notoriété publique.
etwas beinhalten	impliquer qc
das Vorurteil	le préjugé
etwas ist angesagt (i. S. von vorgeschrieben)	qc est prévue
jemanden behandeln (fig.)	traiter qn
Das kommt auf … an.	Ça dépend de …
eine mögliche Lösung	une solution principale
die Erziehungsmethode	la methode d'éducation
etwas ermitteln/erstellen	établir qc
etwas bestimmen/dominieren	dominer qc
entweder … oder	ou bien … ou bien
vorhersehbar	prévisible
etwas ist überholt (fig.)	qc est dépassée
die konstruktive Kritik	la critique constructive
etwas vorschreiben (fig.)	préscrire qc
in diesem Falle	dans ce cas-là
Rückgrat haben	être ferme
durch/mit etwas überzeugen	persuader de qc
jemandem gerecht werden	apprécier qn à sa juste valeur
die Lebensanschauung	la conception de la vie
etwas „aufpeppen"	donner du peps à qc
einer von ihnen sein	être l'un des leurs
der Problemkreis	le volet de problèmes
Na und!	Et alors !
mehr oder weniger	plus ou moins
jemanden rundmachen	flinguer qn
gesagt, getan	aussitôt dit, aussitôt fait
So weit ist es gar nicht erst gekommen.	Ce n'était pas censé aller aussi loin.

vor den Augen abspielen	jouer devant les yeux
Sei still!	Tu vas te taire ?
„Ohne Blut nix gut!“	« Rien de bon sans sang ! »
die Sensationslust	le sensationalisme
der Gaffer/die Gafferin	le curieux / la curieuse
jemanden überlisten	duper qn
Ausländer raus!	étrangers dehors !
Hier hilft nur …	Aide seulement ici …
Zivilcourage zeigen	faites preuve de courage moral
jemanden aufmischen	casser la figure à qn
wegschauen	détourner le regard
Prügel bekommen	recevoir une volée
mittleren Alters	entre deux âges
Du tätest besser daran, …	Tu ferais mieux de …
der Knoblauchfresser	le mangeur d'aille
jemanden zunicken	faire un signe de tête à qn
von etwas genug haben	en avoir assez de qc
das Gefasel	le radotage
sich mit jemandem aussprechen	s'expliquer avec qn
„in sein“	être à la mode
das Nichteinschreiten	la non-intervention
etwas auf jemanden abwälzen	rejeter qc sur qn
Das sind zwei Paar Schuhe.	Ce sont deux paires de chaussures
eine Leiche im Keller haben	avoir un cadavre dans le placard
über einer Sache stehen	se tenir au-dessus des choses
das schwarze Schaf sein	être la brebis galeuse
das Mobbing	le harcèlement
abseits stehen	se tenir à l'écart
zusammenzucken	tressaillir
ängstlich	craintif, ve / craintivement
sich umsehen	regarder autour de soi
Pleite machen	faire faillite
ein Gerücht verbreiten	faire courir / répandre un rumeur
jemanden unter die Arme greifen	épauler qn
jemanden anschwärzen	dénoncer qn
jemanden etwas fühlen lassen	faire ressentir qc à qn
ein (taktischer) Schachzug	un coup habile
Darüber unterhalten wir uns noch …	On en parle encore …
der Aufhänger für etwas sein	être le point de départ de qc
das Anderssein	le fait d'être différent
jemanden fertigmachen	pomper qn
ein Ausgeschlossener/eine Ausgeschlossene	un exclu / une exclue
etwas am eigenen Leib erfahren	apprende qc à ses dépens
der Schwachpunkt	le point faible

etwas verbreiten	disperser qc
der geschützte Raum	l'espace protégé
Ich glaube, ich spinne.	Je pense que je deviens fou.
So viel vorweggenommen.	Cela est attendu.
gebrochen … sprechen	parler en mauvais …
Kommunitarismus/ „positive Diskriminierung“	le communautarisme
selbstverständlich	il va sans dire
humoristisch verpackt	emballé avec humour
die Telefonkette	la chaîne de téléphone
sich für etwas eignen	se prêter à qc
Fluch und Segen	évasion et bénédiction
Jedes Stück zählt.	Chaque pièce compte
Er hält sich für etwas Besseres.	Il se croit supérieur.
in meinen/deinen etc. Augen	à mes / tes etc. yeux

9.10 Medienhinweise zum Thema „La migration en France“

Mysterymethode

- „Leitfaden Mystery“ unter:
- http://www.education21.ch/sites/default/files/uploads/pdf-d/schule/unterrichtsmedien/Leitfaden%20Mystery_D.pdf (Zugriff: 05.03.2022)
- ausführliche Medienübersicht unter: https://www.education21.ch/de/search/node/Mysterys (Zugriff: 05.03.2022)
- https://www.schule-bw.de/faecher-und-schularten/gesellschaftswissenschaftliche-und-philosophische-faecher/geographie/unterricht/produktorientierter-unterricht/interaktive-mysterys (Zugriff: 05.03.2022)
- https://lehrerblog.net/methode-mystery-im-unterricht/ (Zugriff: 05.03.2022)

Migrationsgeschehen in Frankreich

- https://www.france-blog.info/migration (Zugriff: 05.03.2022)
- https://www.france-blog.info/franzoesischunterricht-immigration-integration (Zugriff: 05.03.2022)
- https://www.schule-bw.de/faecher-und-schularten/sprachen-und-literatur/franzoesisch/land-und-leute/frankreich/politik/fluechtlinge/refugies.html (Zugriff: 05.03.2022)
- https://bildungsserver.hamburg.de/la-france-multiculturelle/ (Zugriff: 05.03.2022)
- https://www.bpb.de/politik/extremismus/rechtsextremismus/165168/initiativenblog (Zugriff: 05.03.2022)
- https://www.insee.fr/fr/statistiques/3633212 (Zugriff: 05.03.2022)
- https://www.bpb.de/gesellschaft/migration/laenderprofile/246825/migrationsgeschehen-und-einwandererbevoelkerung (Zugriff: 05.03.2022)

Literatur, Schülerarbeitshefte u. Ä.

- https://www.klett.de/produkt/isbn/978-3-12-521018-9 (Zugriff: 05.03.2022)
- https://www.klett-sprachen.de/immigration-integration/t-1/9783125984479 (Zugriff: 05.03.2022)
- https://www.klett-sprachen.de/search-447/quicksearch/?filter=lektuere&schnellsuche=&-darstellung=matrix&themen_ids=358&sprache_id=37 (Zugriff: 05.03.2022)
- https://www.buecher.de/shop/sozialwissenschaft-recht-und-wirtschaft/la-migration-des-etudiants-senegalais-en-france/fall-magatte/products_products/detail/prod_id/29996078/ (Zugriff: 05.03.2022)
- https://www.friedrich-verlag.de/shop/le-maghreb-interkulturelle-landeskunde-527086 (Zugriff: 05.03.2022)
- https://schulportal.de/?cmd=suche&s=racisme&smd[f][]=5&smd[ks][]=1100 (Zugriff: 05.03.2022)
- https://www.bpb.de/shop/lernen/thema-im-unterricht/36905/gesellschaft-fuer-einsteiger (Zugriff: 05.03.2022)
- A plus! 2, Nouvelle Edition., Berlin, Cornelsen, 219, darin: Unité 5 « S comme solidarité » (Zugriff: 05.03.2022)

Mobbing

- https://www.ardmediathek.de/alpha/video/respekt/mobbing-der-alltaegliche-hass/ard-alpha/Y3JpZDovL2JyLmRlL3ZpZGVvLzcwNzgyZjI5LWE1NTktNDRiMy1iNDFmL WMwNW VmZmYyMTY3MQ/ (Zugriff: 05.03.2022)
- https://www.ardmediathek.de/alpha/video/respekt/was-ist-mobbing/ard-alpha/Y3JpZDo vL2JyLmRlL3ZpZGVvLzg5ZTE4ZTc2LWUzNTQtNGIxYS05NmI1LWM4ZDM3NTc5ZTg3Yw/ (Zugriff: 05.03.2022)
- https://www.ardmediathek.de/alpha/video/respekt/tipps-gegen-mobbing/ard-al pha/Y3Jp ZDovL2JyLmRlL3ZpZGVvL2NkYzU0YWM3LWM2MGYtNGNkZC1hMDY4LWI2MDU0Yj ZlOTc1Yg/ (Zugriff: 05.03.2022)
- http://blog.schueler-mobbing.de/ (Zugriff: 05.03.2022)
- https://www.nonauharcelement.education.gouv.fr/ressources/ (Zugriff: 05.03.2022)

Minderheiten in Frankreich, „Manouches“, Sinti und Roma

- https://www.evolution-mensch.de/Anthropologie/Minderheiten_in_Frankreich (Zugriff: 05.03.2022)
- https://www.youtube.com/watch?v=SNCXkjyTaS4 (Zugriff: 05.03.2022)
- https://www.paradisi.de/leben/vorurteile/ (Zugriff: 05.03.2022)

Gesetzeslage in Frankreich zum Thema „Lebensmittelverschwendung“ (Loi Garot):

- https://www.legifrance.gouv.fr/jorf/id/JORFTEXT000032036289 (Zugriff: 05.03.2022)
- https://www.ecologie.gouv.fr/gaspillage-alimentaire-0 (Zugriff: 05.03.2022)
- https://toogoodtogo.fr/fr/blog/loi-garot-ce-qui-change (Zugriff: 05.03.2022)

Lektüren

- Quella-Guyot, Didier: Le marathon de Safia, Bande dessinée version originale annotée. Klett, Stuttgart, 2012, ISBN 978-3-12-591576-3
  Die 16-jährige Muslima Safia setzt sich entgegen den Familientraditionen durch, als Mädchen an einem Marathon teilzunehmen. Dabei stehen ihr familiäre und kulturelle Widerstände entgegen, die von ihrem Vater, einem bekennenden Muslim, ausgehen.
- Darras, Isbelle: Arrête ton cinéma, Tarek! Klett, Stuttgart, 2010.
  Tarek, ein in Frankreich bei seinem Onkel lebender Junge mit tunesischer Herkunft, realisiert seinen Traum, beim Film zu arbeiten.

Bücher

- Brokowski-Shekete, Florence: Mist, die versteht mich ja! Orlanda, Berlin, 2021, ISBN 978-3-944666-76-1

Chanson « Africain à Paris »

- https://www.youtube.com/watch?v=1UZs5kD5-Mg (Zugriff: 05.03.2022)
- https://www.songtexte.com/songtext/tiken-jah-fakoly/africain-a-paris-33c6b805.html (Zugriff: 05.03.2022)

Hintergrundmaterialien

- Unterrichtsgestaltung: Konsum und Mediennutzung – Chancen und Risiken im Schulalltag nutzen. Dr. Josef Raabe Verl.-GmbH, Stuttgart, 2020
- https://www.bzga.de/programme-und-aktivitaeten/gesundheitsfoerderung-fuer-men schen-mit-migrationshintergrund/ (Zugriff: 05.03.2022)

- https://www.deutschlandfunk.de/das-antidiskriminierungsgesetz-in-frankreich.680.de.html?dram:article_id=34648 (Zugriff: 05.03.2022)
- https://www.connexion-emploi.com/de/a/der-anonyme-lebenslauf-in-frankreich-ein-vorbild-fur-deutschland (Zugriff: 05.03.2022)
- https://www.antidiskriminierungsstelle.de/DE/startseite/startseite-node.html (Zugriff: 05.03.2022)
- Universität Osnabrück, Institut für Migrationsforschung und interkulturelle Studien (IMIS): https://www.imis.uni-osnabrueck.de/imis/ziele.html (Zugriff: 05.03.2022)

Diverse Themen zu Respekt gegenüber Minderheiten (ARD-Mediathek)
- „Respekt – Wir leben in Deutschland zwar in einer Demokratie, aber verhalten wir uns immer demokratisch? Oft kommen Respekt und Toleranz im Alltag zu kurz. Was können wir tun gegen Vorurteile gegenüber ‚Randgruppen'?"
https://www.ardmediathek.de/sendung/respekt/Y3JpZDovL2JyLmRlL2Jyb2FkY2FzdF-Nlcmllcy9kNGE2ZTUwOC05NWFkLTQ5ZmUtYmM2ZS0zMWVjZWQ1MGEzYjY/ (Zugriff: 05.03.2022)

Podcasts
- NDR: 180 Grad – Geschichten gegen den Hass
https://www.ndr.de/nachrichten/info/podcast4576.html (Zugriff: 05.03.2022)

DVDs
- „The Hate U Give", USA 2018, nach dem gleichnamigen Roman von Angie Thomas
DVD 2019, BLU-RAY 2020
Krimidrama zu Diskriminierung und Rassismus gegen Schwarze Menschen
- „Schwarze Adler", DVD 2021, 14 Spitzenfußballerinnen/-fußballer berichten über ihre Erfahrungen mit Rassismus

Erstellung einer digitalen Pinnwand
- https://erwachsenenbildung-ekhn.blog/anleitung-eine-digitale-pinnwand-mit-padlet-erstellen/ (Zugriff: 05.03.2022)

Le Lycée Louis Pasteur à Avignon
- https://leslycees.fr/avignon-84000/lycee-louis-pasteur-3bb.html (Zugriff: 05.03.2022)

Modell zur Veranschaulichung von aktuellen statistischen Daten
- Högermann, C.: „Mobiles" Tortendiagramm zur Ressourcenver(sch)wendung. In: Biologie in unserer Zeit 2/2021, S. 128 f.

Erstellung von Feedbackbögen
- http://www.unterrichtsdiagnostik.info/downloads/fragebogen/ (Zugriff: 05.03.2022)
- https://www.deflorio.de/feedback (Zugriff: 05.03.2022)

Übersetzungshilfen
- https://defr.dict.cc/ (Zugriff: 05.03.2022)
- https://www.deepl.com/translator (Zugriff: 05.03.2022)

Blankolegekarten

1	2
3	4
5	6
7	8

Blankogitterrätsel

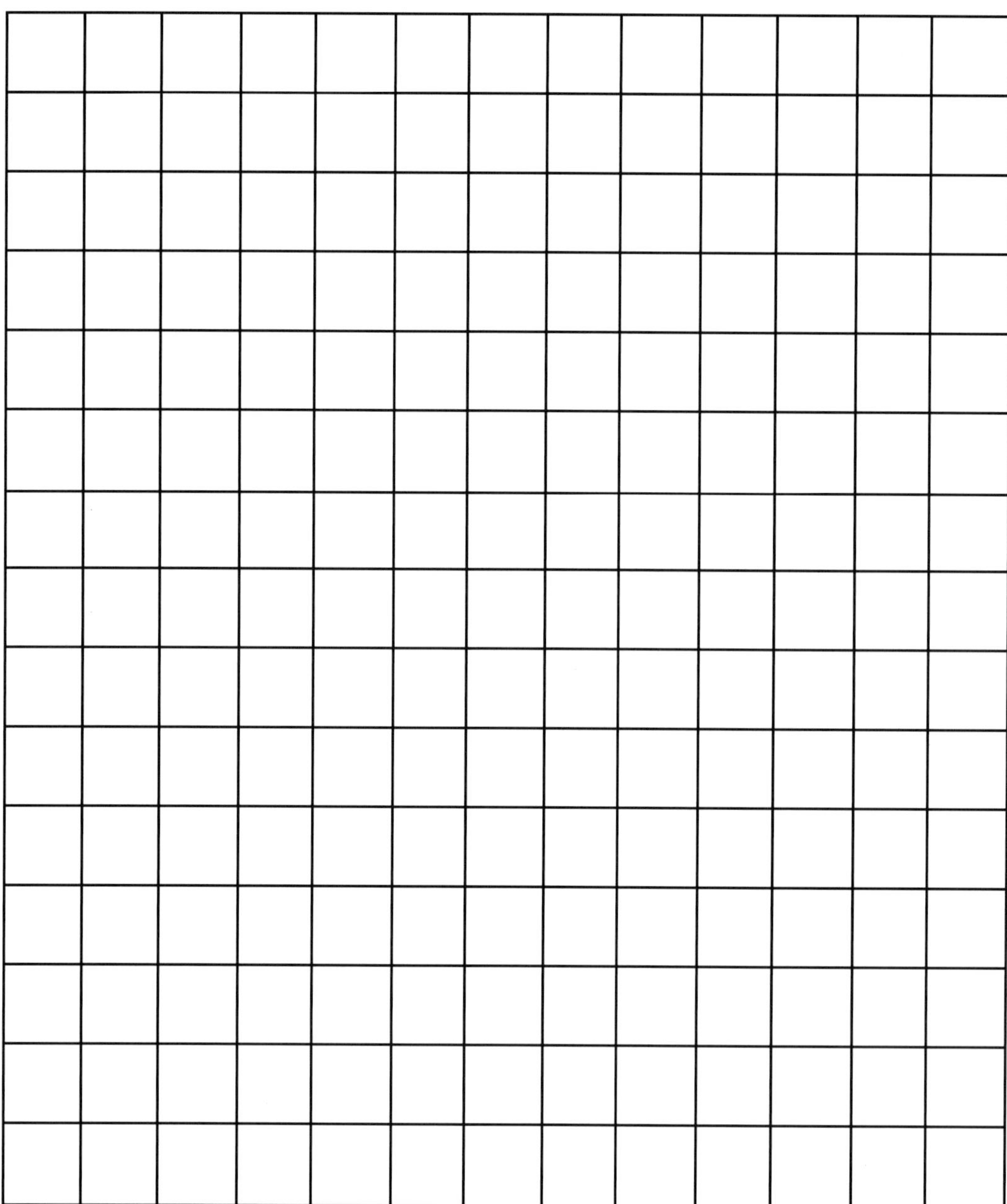

Scénario

Titre : « Mon mystère qui n'est plus mon mystère » – Texte et « cartes d`événement »

Versetze dich in die Rolle eines Filmregisseurs, der ein Drehbuch für einen Film schreiben möchte. In diesem Film soll es um ein Mystery gehen, das du selbst erlebt hast. Die Ablaufschritte erklären dir auf Deutsch, was zu tun ist. Dein persönliches « mystère » folgt dann auf Französisch, ebenso die dazugehörigen Mysterykarten (« cartes d`événement »).

Titel:
Zunächst wird der „Filmstoff" ausgesucht, dazu einige „Denkanstöße":

- ein persönliches Erlebnis, das mich sehr bewegt und/oder getroffen hat;
- ein Vorfall, den ich beobachtet habe und bei dem ich (nicht) eingeschritten bin;
- ein Schicksal im Freundeskreis, das mir sehr nahegegangen ist;
- eine Situation, in der ich einen Fehler gemacht habe und mich dann bei einer Beteiligten/einem Beteiligten entschuldigen musste.

Hauptdarsteller:

- Ich und ...

Nebendarsteller:

- ...

Dauer:

- Zeit, die meine Mitschülerinnen/Mitschüler benötigen, um anhand der Karten meine Mystery zu entschlüsseln bzw. zu rekonstruieren

Altersbeschränkung:

- keine

Inhalt:

- Hier steht deine Geschichte.

Regieanweisung zur Erstellung der Mysterykarten:

- Kernaussagen meiner Geschichte, die das Mystery kennzeichnen
- eventuelle allgemeingültige Aussagen wie Vorurteile o.Ä., die in meiner Geschichte wichtig sind
- Lösungsmöglichkeiten
- Erkenntnisse, die ich durch den „Vorfall" gewonnen habe
- im Idealfall übertragbare Erkenntnisse und konstruktive Vorschläge als Handlungsanweisungen für derartige Situationen
- meine persönliche Botschaft, die ich übermitteln möchte

Filmschnitt:

- Formulierung von acht Aussagen, die auf die Blankomysterykarten geschrieben werden
- Ausschneiden der Karten

Kinostart:

- Aushändigung von Kopien des (von der Lehrkraft) korrigierten Mysterys und der Karten

Und nun auf in dein virtuelles Kino: Deine Mitschülerinnen/Mitschüler entlarven dein Geheimnis, das nun nicht mehr dein Geheimnis ist ...

Kompetenzorientierte Sprechförderung im Französischunterricht

LUTZ KÜSTER (HRSG.)

Prendre la parole

Reflexive und übende Zugänge zum Sprechen im Französischunterricht

16 x 23 cm, 136 Seiten + Downloadmaterial

978-3-7727-1384-2, € 19,95

Prendre la parole – ergreife das Wort! Wie lassen sich Lernende im Französischunterricht motivieren, sich mündlich zu äußern? Der Band unterstützt Lehrkräfte bei der Sprechförderung im Französischunterricht. Er folgt einem subjektorientierten Ansatz und legt besonderes Augenmerk darauf, dass die Lernenden reflexive Kompetenzen entwickeln. Dabei entfaltet er einen Übungsbegriff, der auf den individuellen Erfahrungshorizont der Lernenden bezogen und in ein umfassenderes Bildungsverständnis integriert wird.

Beleuchtet werden verschiedene Aspekte der Kompetenzentwicklung, um diese an einzelnen Feldern unterrichtlicher Praxis zu konkretisieren. Der Bogen reicht hierbei von der Lehrwerksentwicklung über das Konzept der Lernaufgaben bis hin zum Einsatz digitaler Medien und theaterpädagogischer Verfahren im Unterricht.

Fachbuch

Alle Preise zzgl. Versandkosten, Stand 2022

Unser Leserservice berät Sie gern:
Telefon: 0511 / 4 00 04 -150
Fax: 0511 / 4 00 04 -170
leserservice@friedrich-verlag.de

www.klett-kallmeyer.de

Unter **www.friedrich-verlag.de** finden Sie Materialien zum Buch als Download.
Bitte geben Sie den achtstelligen Downloadcode in das Suchfeld ein.

DOWNLOADCODE: **d31580mf**

Hinweis:

Das Downloadmaterial enthält Arbeitsblätter, Lesetexte, Spielvorlagen und Feedbackbögen, die Sie bei der Vorbereitung Ihres Unterrichts unterstützen und/oder Ihnen vertiefende Hintergrundinformationen liefern.

Durch den Kauf dieses Buches (ISBN 978-3-7727-1580-8) haben Sie das Recht erworben, das ergänzende Downloadmaterial in Ihren derzeitigen und zukünftigen Lerngruppen und Klassen einzusetzen und zu vervielfältigen. So können Sie etwa einzelne Seiten ausdrucken und verteilen oder mit Beamer oder Whiteboard verwenden.

Was Sie **nicht** dürfen:
- Das Downloadmaterial oder Teile davon an Kolleginnen und Kollegen weitergeben.
- Das Downloadmaterial oder Teile davon in Netzwerke einstellen, wie etwa Schulserver oder Cloud-Systeme, sodass Kolleginnen und Kollegen darauf Zugriff erhalten.
- Die Lizenzinformation und Quellenhinweise auf dem Downloadmaterial entfernen.
- Bei einer Bibliotheksausleihe des Buches das Downloadmaterial herunterladen.

Bitte tragen Sie im Sinne dieser Lizenz dazu bei, dass wir weiterhin digitales Ergänzungsmaterial für Lehrerinnen und Lehrer bereitstellen können. Der Verlag behält sich dabei vor, auch gegen urheberrechtliche Verstöße vorzugehen.

Unsere Autorinnen und Autoren sowie der Verlag wünschen Ihnen viel Erfolg bei der Nutzung der Materialien!

Haben Sie Fragen zum Download? Dann wenden Sie sich bitte an den Leserservice der Friedrich Verlags GmbH. Schreiben Sie uns oder rufen Sie uns an!

Sie erreichen unseren Leserservice
Montag bis Donnerstag von 8–18 Uhr
Freitag von 8–14 Uhr
Tel.: 0511/40004-150
Fax: 0511/40004-170
E-Mail: *leserservice@friedrich-verlag.de*

Wir freuen uns über Ihre Rückmeldung und helfen Ihnen gerne weiter!